HOMILÉTICA SIMPLIFICADA

Manual de Predicación

Rafael Antonio Rodríguez

HOMILÉTICA SIMPLIFICADA

Manual de Predicación

PUBLICACIONES KATALLAGE

Libros CLIE
Galvani, 113
08224 TERRASSA (Barcelona)

HOMILÉTICA SIMPLIFICADA
Manual de Predicación

1ª edición: 1.000 ejemp.
2ª edición: 4.000 ejemp.
3ª edición: 4.000 ejemp.
4ª edición: 2.000 ejemp.

Depósito Legal: SE-4722-2002
ISBN 84-7645-305-1

Impresión: Publicaciones Digitales, S.A.
www.publidisa.com — (+34) 95.458.34.25. (Sevilla)

Printed in Spain

DEDICATORIA
A

Reverendo **ROBERTO RIVERA VELÁZQUEZ**

Pastor, Maestro y Amigo Entrañable

Índice

Prólogo 11

Prefacio 15

1 Introducción 19
  A. Palabras de consejo 19
  B . Definición 21

2 El predicador 27
  A. Su personalidad 27
  B. Sus herramientas de trabajo 30

3 La clasificación de sermones 37
  A. Según su propósito 37
  B. El propósito específico 42
  C. Según su mensaje 43
  D. Actualizando el mensaje 45

4 El sermón 47
  A. El texto del sermón 47
    1. Definición del texto 47
    2. Razones para tener un texto 48
    3. La elección del texto 49
    4. La interpretación del texto 50

B. El tema del sermón 53
1. Definición del tema sermonario ... 53
2. La determinación del tema 55
3. Características de un buen tema ... 57
4. El desarrollo del tema 57
5. Interrogantes que resultan de la proposición y que son útiles en el desarrollo del sermón 59
6. Ejemplos para ilustrar lo antes dicho 60
7. La palabra clave 62
8. La oración transicional 63

5 Los puntos principales y secundarios ... 67
A. Los puntos principales se caracterizan por lo siguiente 67
B. Los puntos secundarios se caracterizan por lo siguiente 71

6 La introducción, la conclusión y las ilustraciones 85
A. La introducción 85
1. Clasificación 86
2. Características 87
3. Arreglo o composición de la introducción 88
B. La conclusión 91
1. Propósito 91
2. Características 92
3. Redacción 92
4. Clases de conclusiones 93
5. Recursos útiles para la conclusión 94

C. Las ilustraciones 94
1. Propósito 95
2. Cualidades 95
3. Clasificación 96
4. Fuentes 97
5. Redacción 98
6. Palabras de advertencia 98

7 El bosquejo y la presentación 101
A. El Bosquejo 101
B. La Presentación 107
1. Bosquejo de notas 107
2. Memorización del sermón 108
3. Lectura de un manuscrito 108
4. Entrega espontánea 108
5. Sentido de responsabilidad del predicador 109
6. Algunos detalles adicionales ... 110
7. Archivo de sermones e ideas ... 111
8. Lectura conveniente 112

8 Conclusión 115

Notas 117
Bibliografía 121

Prólogo

Se me ha consignado la responsabilidad de introducir esta obra. Para realizar dicha encomienda, es ineludible abordar dos asuntos esenciales: el peregrinaje del autor en su vocación como predicador y el contenido de su obra que nos ocupa. La primera nos acerca a lo vital del esfuerzo de un siervo de Dios por corresponder fielmente a su convocatoria. La segunda nos invita a valorar la contribución del autor a la Iglesia en el contexto del quehacer homilético. Estas vertientes habrán de guiarnos en la reflexión que nos proponemos elaborar.

Hace quince años que el compañero Rafael Rodríguez comenzó a destacarse como líder de la Unión de Jóvenes Bautistas de Puerto Rico. Su deseo por predicar le llevó a iniciar sus primeras incursiones en la oratoria cristiana. Comenzó a sobresalir como un predicador entusiasta y fervoroso. Sus ejecutorias lo situaron inmediatamente en la trayectoria de ser el Evangelista de la Unión de Jóvenes. Muchos fueron los fines de semana evangelísticos que Rafael predicó. Fuimos testigos de los frutos obtenidos. Estos fueron abundantes y prolíficos. A mi entender, ese fue el comienzo de una vocación que comenzaba a descubrirse en la profundidad de su conciencia. La dialéctica entre sus dones naturales y el llamado de

Jesucristo, produjeron las condiciones necesarias para propiciar una respuesta en libertad y con denuedo, respecto a su futuro en el ministerio cristiano.

Su determinación fue difícil, pues dejaba una profesión sumamente remunerada para acogerse al pastorado. No obstante, mantuvo firmemente su derrotero. El principio de sus andanzas ministeriales se hizo muy complejo y arduo. Sin embargo, la gracia del Señor lo sostuvo en las sendas genuinas de la vida de la fe. Su compañera idónea, Ivonne Franco, ha sido siempre inspiración y apoyo en sus metas vocacionales y en el descargo de sus responsabilidades ministeriales.

El autor del presente libro es un pastor con corazón evangelístico y con una pasión por la predicación. Su libro no es una abstracción teórica, sino que es el reflejo de una vida dedicada al pastorado, cuyo centro de responsabilidad se proyecta en la predicación. Rafael no ha pretendido involucrarse en el laberinto intelectual de las ciencias homiléticas, sino que ha simplificado el saber haciéndolo accesible a todos. Rafael ha elaborado una reflexión que habrá de entusiasmar a aquellos cuyo corazón está inclinado hacia la predicación. Así también, generará admiración a aquellos que les interesa descubrir ideas y principios en torno a las destrezas de la predicación.

Rafael es un predicador elocuente, efectivo y comprometido con la tarea evangelística. Su dedicación le ha inducido a ser un estudioso de la predicación. Esa disciplina y sus logros ministeriales convergen maravillosamente al servicio de los demás. Así que este libro presenta el producto genuino de lo que él es y lo que él representa para el ministerio cristiano.

Esta obra contiene una serie de técnicas fundamentales para elaborar un sermón. Estudiar estas técnicas crea conciencia de lo importante de los sistemas, el orden, la proposición, la consistencia, la simetría y el arte de la comunicación como ejercicio de oratoria. Sumergirse en la práctica de la predicación es sumamente interesante. Sin embargo, dominar los cimientos que sostienen dicho ejercicio es imprescindible para la excelencia de la práctica.

Presume esta obra que la exégesis es básica en la predicación. Toca hacer al exégeta una interpretación de la correspondencia entre cultura y Palabra de Dios para ubicar al ser humano en el proceso genuino de **autorrealización**. Ese proceso plantea la urgencia de aquilatar el contexto cultural donde la Revelación emergió, para entonces situarla con pertinencia en la realidad presente y futura.

El propósito de la exégesis es integrar la realidad de la cultura frente a la Palabra de Dios en el contexto de la historia. Es una tarea de la iglesia para vitalizarse en su misión, como es también un quehacer dentro de las disciplinas intelectuales del pensamiento contemporáneo que plantea una interpretación constitutiva de la plenitud existencial.

Es tarea del predicador adquirir y desarrollar las destrezas homiléticas que le ayuden a presentar el mensaje de Dios con toda la pertinencia posible, sin perder en ningún momento la sustancia sólida de la fe en el Señor Jesucristo.

Esta obra mantiene el balance entre lo instrumental y lo esencial. Ofrece un magnífico esquema para estudio en grupos o individual. Abre las puertas para que los predicadores repasen y mejoren su vocación. Estimula a aquellos que comienzan dicho ministerio. Convoca inherentemente a aquellos que tienen talentos, pero todavía no se han decidido a ejercer como predicadores.

Esta obra invita a sostener la relevancia que tiene la predicación en la Iglesia de Jesucristo. Nos incita a autoevaluarnos y a buscar modos de superación. Nos impele a reconocer lo fundamental de la preparación espiritual y su consecuencia pragmática y sistemática en el mundo contemporáneo.

Ciertamente, necesitamos buenos predicadores. Predicadores que edifiquen, que evangelicen, que profeticen, que eduquen, que formen creativamente. Pero también necesitamos predicadores que llevando a cabo lo anteriormente mencionado, comuniquen con efectividad el mensaje de salvación en Cristo Jesús.

Le invito a leer esta obra, esfuerzo de nuestro compañero en el ministerio, Rafael Antonio Rodríguez Rodríguez.

Rvdo. José Norat Rodríguez
Ministro Ejecutivo
Iglesias Bautistas de Puerto Rico
18 de febrero de 1983

Prefacio

Cada día es más evidente la necesidad de capacitar a los miembros de las iglesias para la tarea evangelística y educativa a la cual se saben llamados. Muchas personas están participando del ministerio de la iglesia en todos sus aspectos y desean prepararse más y mejor para cumplir con dicha responsabilidad. Es así como constantemente surge el llamado de los miembros de las iglesias para que se les dé materiales sencillos y prácticos para estudiar y desarrollar sus talentos como servidores de Cristo y la Iglesia.

Cuando comencé a predicar, siendo aún un adolescente, nada sabía de Homilética. Fue años más tarde que un pastor me enseñó a analizar textos para «sacar» sermones y también a bosquejar ideas. ¡Llegué a predicar internacionalmente, inclusive sin haber estudiado formalmente la predicación!.

Ha sido el anhelo de los hermanos lo que me llevó a enseñar Homilética en las *Academias Teológicas Para Laicos* de las Iglesias Bautistas de Puerto Rico. Allí encontramos un grupo de personas interesadas en comunicar efectivamente los principios de la fe cristiana por medio de la predicación.

Más tarde el hoy finado Reverendo Marcos A. Plaud, pastor de la Iglesia Metodista Unida de Villa Carolina, en Puerto Rico, me invitó a presentar un curso de evangelismo personal y otro de predicación. Este eximio pastor y educador cristiano estableció en su iglesia una escuela de teología, con el propósito de desarrollar el liderato de su congregación y de otras iglesias de la comunidad.

Esta segunda experiencia docente, me llevó a pensar en el hecho de que los hermanos necesitaban un libro de texto un poco más sencillo que los existentes y, a la vez, que los pusiera en contacto con los rudimentos de la predicación. Me pareció que el texto debería ser útil, tanto para que sirviera de texto en las docenas de pequeños institutos para líderes, pastores y maestros que van surgiendo con el crecimiento de la iglesia, y aun para los autodidactas. ¡Son tantos los hermanos predicadores! ¡Son tantos los pastorados que en Puerto Rico y en la América hispanoparlante están ocupados por líderes sin ningún entrenamiento formal! ¡Son tantos los que quieren aprender y no pueden ir a un seminario!...

Pues entonces: ¡a ayudarles! Aquí va esta modesta contribución. No es nada espectacular. Basta con que sea práctica y útil. Consultando a algunos de los grandes autores del pasado y del presente que estudian y escriben sobre la Homilética, y añadiendo algunas cosas que la experiencia en los años de pastor, promotor de mayordomía, evangelista y maestro me han enseñado, les presento este manual. Usé especialmente los trabajos de Crane[1] y Orlando Costas[2] que tienen la ventaja de estar en español; lo que los hace accesibles a todo el que quiere estudiar un poco más, y además tienen amplia difusión por toda América Latina.

En la Iglesia, al decir del apóstol Pablo, «a todos somos deudores». Expreso mi gratitud a Costas, a Crane, a William Thompson, profesor del Eastern Baptist Seminary, quien me instruyó en el *«Bicentennial Preaching Convocation»* reunido por las Iglesias Bautistas Americanas en Providence, Rhode Island en 1976.

Muy especialmente agradezco la instrucción dada por el Reverendo Roberto Rivera Velázquez, quien fue mi pastor y mi primer maestro de Homilética, a quien dedico este trabajo con sincero afecto cristiano.

A Ivonne, mi esposa, quien tanto ha contribuido en mi desarrollo como predicador y trabajó en el manuscrito, le expreso mi gratitud. Al reverendo José Norat Rodríguez, Ministro Ejecutivo de las Iglesias Bautistas de Puerto Rico, quien tanto me ha estimulado a escribir y dio la primera lectura al documento, haciendo recomendaciones muy sabias y pertinentes. Al Pastor Denis Soto, quien hizo las correcciones de estilo y contribuyó con muy valiosas sugerencias. A todos mis alumnos que me motivaron a escribir. Al Dr. Raymond Favata, Decano del International Bible Institute and Seminary, quien al aconsejarme en los estudios para el Doctorado en Ministerio, me mostró la necesidad de preparar materiales para el entrenamiento del liderato de la Iglesia; a todos, vaya el testimonio sincero de mi gratitud.

NOTAS 1 y 2

A todos los estudiantes que quieran adquirir mayores conocimientos, les recomendamos el libro de Crane, *El Sermón Eficaz* (El Paso, Casa Bautista de Publicaciones, 1971) y muy especialmente, el gran libro de mi hermano, amigo y maestro en el ministerio cristiano, Orlando Costas, *Comunicación Por Medio de la Predicación* (San José, Costa Rica, Ed. Caribe, 1973).

1

Introducción

A. Palabras de consejo

Estimado hermano, usted ha sido llamado para proclamar la Buena Nueva. Siente una compulsión de decir a otros lo que Cristo ha hecho con usted y lo que Él quiere hacer con los demás seres humanos. El prepararse tanto espiritual como intelectual y técnicamente para la predicación, es ahora una responsabilidad y tarea que ha de cumplir con fidelidad.

Lo anterior, hace necesario que estudie cuidadosamente la Palabra, que ore con intensidad y que prepare sus sermones con minuciosidad. Ha de orar como si todo dependiense de Dios y ha de estudiar y trabajar como si todo dependiese de usted.

Sobre la necesidad de orar, dice San Agustín:

> Y así nuestro orador Cristiano, mientras que dice lo que es justo, santo y bueno (nunca debe decir otra cosa), hace todo lo posible para ser oído con inteligencia, con placer, y con obediencia; y no debe dudar de que si triunfa en este objetivo, y mientras triunfa, triunfará más por la piedad en la oración,

> que por dones de la oratoria; por eso tiene que orar por sí mismo y por aquellos a los que ha de hablar. Y cuando llegue la hora en que tenga que hablar, tiene, antes de abrir su boca, que elevar su sedienta alma a Dios, para beber en lo que está a punto de derramar, y ser lleno de aquello que va a distribuir. Porque, como concierne a todo asunto de fe y amor, hay muchas cosas que se pudieran decir, y muchas maneras de decirlas; ¿quién sabe lo que es conveniente que digamos en un momento dado o que sea oído decir, excepto Dios, quien conoce el corazón de todos? Y ¿quién puede hacer que digamos lo que debemos, y en la manera que debemos, excepto Él, en cuyas manos nosotros y nuestro discurso están?[1]

Frente a su auditorio debe recordar que quien le escucha, espera que usted sea como predicador, «heraldo, que proclame lo que se le envió a decir; siervo de la iglesia; mayordomo de los misterios de Dios» (1ª Co. 4:1) que dé a su audiencia la palabra sin adulteración; padre, que engendre y cuide hijos espirituales (1ª Tes. 2:11-12; 1ª Co. 4:14-17), y colaborador de Dios (1ª Co. 3:9; 1ª Tes. 3:2) que demuestra cuanto Dios le ama al escogerle para predicar.[2]

Recuerde que sus oyentes esperan: sermones sencillos que enseñen verdades profundas; que no tengan demasiado análisis de los problemas y sí más respuestas a éstos, que no parezca que usted está a la defensiva; que el sermón no sea demasiado formal e impersonal, que sea directo; que no asuma que el oyente es un experto en Biblia y teología; que les hable en términos de sus propias vidas y en su lenguaje diario; que use ilustraciones sencillas que ayuden a comprender a la luz de la vida diaria, y por último que les dé indicaciones claras que les ayuden a comprometerse y a actuar.[3]

B. Definición

La predicación siempre plantea un problema de definición. Esto es así debido a que: quien predica, no escoge su oficio, sino que recibe un llamado para ello; su mensaje le es dado y es de naturaleza eterna; sin embargo, para entregar el mensaje necesita la pericia de la comunicación y la retórica; la sensibilidad creativa de un artista; la laboriosidad de un artesano; el ansia de conocimiento de un niño; la paciencia de un maestro; la pasión de un poseído; la intensidad del amor filial y la abnegación de quien ha de responder por las almas de quienes le escuchan a Aquel quien le redimió por amor, dando a su Hijo.

Hay muchas y muy buenas definiciones. Veamos algunas:

> La predicación es el gran medio seleccionado para difundir las buenas nuevas de salvación en Cristo.[4]

Orlando Costas entra en una definición elaborada que es muy importante tener en cuenta; dice a grandes rasgos que la predicación transmite un mensaje de origen divino y por mandato de Dios; esto es así, porque Dios ama al hombre y quiere dar a conocer su amor.

La predicación tiene poder y autoridad de Dios, quien habla a través del predicador, lo que hace del mensaje palabra divina. Comunica el Evangelio de Cristo, y éste es su centro. Es la proclamación de la obra de Dios en Cristo, para bendición del hombre.

La predicación va dirigida al hombre, quien vive distanciado de Dios y de su pueblo. Dentro de la iglesia, de su vida y misión, el mensaje encuentra su ambiente apropiado. La predicación está en el génesis de la iglesia y en su crecimiento en la gracia, le da conciencia de su realidad en relación a su Señor.

El mensaje tiene raíces en la historia de la salvación y se proyecta al futuro, al tiempo final. Es vehículo que proclama el Reino del que predicaba Jesús y llamada a una vida nueva. Sitúa al hombre ante la disyuntiva de condenación o salvación. Buscará persuadir al hombre, cualquiera que sea su situación, a rendirse completamente a Dios. Pide respuesta de fe y obediencia al hombre.

La predicación deriva su espiritualidad en el Espíritu Santo. Él es quien, testificando en el mensaje, profundiza en la conciencia humana persuadiéndola. La eficacia de la predicación se origina en el Espíritu Santo. La oración, de máxima importancia en la proclamación, une al predicador con la obra del Espíritu Santo.

Cuando la iglesia adora públicamente, está predicando. De ahí que en ese contexto de adoración, la predicación encuentre su ambiente más propicio. Siendo a su vez factor de unidad y evidencia el diálogo Dios-Hombre, Hombre-Hombre. Establece una relación directa entre lo que Dios manifiesta y lo que el Hombre le responde. La adoración celebra el triunfo del Evangelio, y la proclamación lo hace presente y le da tema.

La predicación es un evento vivo donde Dios confronta al ser humano con su acto de reconciliación en Cristo. De ahí que el predicador se ha de entender a sí mismo como embajador, a través de quien Dios ruega al mundo reconciliarse con Él (2ª Co. 5:18-20).[5]

Es importante señalar que la predicación es en sí un proceso de comunicación. «Tiene como finalidad la comunicación de la Palabra de Dios a los hombres».[6] Su ejecución nos permite «compartir a Cristo con otras personas y así introducirlas a una relación íntima con Dios».[7]

James D. Crane cita al obispo Phillips Brooks en una definición de predicación, donde se destaca que el material de la predicación es «la verdad divina».[8] Donde señala que el... «método de la predicación es la comunicación verbal».[9] Haciendo un análisis de los verbos griegos traducidos por la voz predicar, concluye: «Lo dicho hasta aquí basta para comprobar que la comunicación verbal de la verdad divina es el método divinamente ordenado para la predicación del evangelio».[10] La meta de la predicación en la definición aquí analizada, es la persuasión. «La persuasión era nota característica de la predicación apostólica».[11]

El sermón es el producto final que resulta de la inspiración del Espíritu Santo, la oración, el estudio de la Palabra, la organización de ideas, ejemplos y otros materiales informativos. Cuando se predica se sobreentiende que se expone un sermón. Pero, ¿qué es un sermón?

El profesor William D. Thompson lo define de dos modos: lo que no es un sermón y lo que un sermón es. Dice:

1.– Un sermón no es sólo de actuación. Pensar en él (predicador) como de un actor o entretenedor, es desde luego un error trágico.

2.– Un sermón no es un comentario sobre sucesos actuales.

3.– Un sermón no es una conferencia teológica o bíblica. Deja de ser predicación, cuando se habla en un estilo puramente objetivo de conferenciante –acerca de principios, eventos, e ideas.

4.– Un sermón no es una lección de cómo vivir la vida cristiana. Ése no es su objetivo final, como tampoco lo es la instrucción moral.

Entonces, ¿qué es un sermón?

Para entender lo que se supone que un sermón haga, es necesario entender algo de Dios. Lo más importante de saber, es que Él está desesperadamente deseoso de darse a conocer a usted. La Biblia relata los intentos de Dios para comunicarse con el hombre. Dios es la Palabra (Juan 1:1) que se hace carne (Juan 1:14) para revelarse al hombre. Todo lo que Cristo hizo: nacimiento, muerte, resurrección y ascensión, comunicaba el deseo de Dios de autorevelarse –de dar a conocer Su amor y Su anhelo de que el hombre viva conforme a Su voluntad.

El registro de esta historia en la Biblia es otra manera de que la Palabra venga a nosotros. Así como Cristo Jesús es la Palabra revelada, la Biblia es la palabra escrita.

Hay una forma adicional de la Palabra, la de mayor interés ahora. Es la Palabra predicada (Rom. 1:8, 17). Usted tiene fe en Cristo, debido a lo que oyó de Él. Fue en la predicación –la Palabra proclamada– que verdaderamente la Palabra de Dios le llegó.

En resumen, nos dice el Dr. Thompson, que un sermón es:

> . . . la Palabra de Dios (Cristo Jesús), quien ha sido revelado en las páginas de la Palabra escrita (la Biblia), que viene a ser escuchada por la gente en la proclamación de la Palabra (predicación). Puesto de otro modo, la predicación de la Palabra es un evento divino por el cual Dios se hace conocido a sí mismo en la persona de su Hijo, Jesucristo,

de acuerdo al testimonio de la Biblia. La predicación es Dios mismo trabajando, confrontando a la humanidad nuevamente.[12]

Finalmente, podemos señalar con Gerald R. Cragg:

> La meta de la predicación es el despertar la fe. El predicador prostituye su llamado cuando se contenta con excitar el interés momentáneo de su gente, o de entretenerles meramente cuando éstos no tienen asuntos de mayor urgencia a mano. Es cierto que a menos que se detengan para escuchar, jamás oirán; pero el propósito de la predicación es poner por delante a Cristo, de modo que él pueda ganar la obediencia del hombre y conducirle al acto de autocompromiso, el cual es la respuesta correcta a lo que vemos del amor de Dios en Cristo Jesús.[13]

2

El Predicador

A. Su Personalidad

La predicación tiene una variedad de aspectos. No se le puede entender sólo su aspecto retórico, es decir, como un discurso basado en la teología cristiana; hay que ver sus aspectos psicológicos: como una persona que comunica sus conceptos, actitudes y sentimientos.[1]

La personalidad de quien predica, es de la mayor importancia en la predicación, ya que ésta es un acto comunicativo entre personas; o lo que es lo mismo: un encuentro comunicativo entre personalidades distintas.

Al definir la personalidad, James V. Mc Conell dice:

> Definamos la personalidad como la forma característica en que un individuo piensa y se comporta al irse ajustando a su medio ambiente, trátese de un hombre o de una mujer. Una definición como ésta, incluirá los rasgos o características de la persona, sus valores, sus motivos, su esquema genético, sus actitudes, reacciones emocionales, aptitudes o capacidades, imagen de sí mismo, e inteligencia, así como sus patrones de conducta visibles y abiertos.[2]

Dice Orlando Costas: «La personalidad es de suma importancia para la predicación, porque determina en gran parte la manera cómo ésta ha de ser percibida por la congregación.»[3] El predicador ha de cuidar entonces no sólo lo que va a decir, sino cómo lo dirá. Su personalidad estará en evidencia al comunicar el mensaje; sus ansiedades, frustraciones y otros sentimientos negativos; así como su amor, confianza, seguridad y otros sentimientos positivos, se reflejarán de tal modo en el mensaje, que la personalidad, en muchas ocasiones, reflejará más sobre el contenido del mensaje que el sermón.[4]

El predicador ha de reflejar en su mensaje una personalidad que evidencia las siguientes características:

1. *Testimonio de su encuentro personal con Cristo.*

Pregonará las verdades reveladas en la Escritura y a la vez dirá que la Palabra revelada en Cristo habita por la fe en su corazón (Ef. 3:17). Cristo es tanto el Salvador como el Señor del predicador. Con Cristo dirá que «lo que sabemos hablamos, y lo que hemos visto testificamos» (Juan 3:11). El predicador es una nueva criatura (2ª Co. 5:17) que habla de su Creador, porque le conoce personalmente; es un testigo del poder regenerador de Cristo, como una verdad absoluta de la Palabra y como una realidad viviente en su persona. Como el gadareno, al mandato de Jesús, irá proclamando tanto a los suyos como a las comunidades humanas cercanas y lejanas, las grandes cosas que Dios ha hecho con él (Mr. 5:19-20).

2. *Moral libre de todo reproche.*

Su vida debe estar por encima de toda reprensión. Debe alejarse de toda especie de mal (1ª Tes. 5:22). Su vida ha de ser ejemplo viviente a los creyentes: «en comportamiento, amor, espíritu, fe y pureza» (1ª Tim. 4:12).

La vida del predicador ha de ser digna de un siervo de Cristo, tanto en su hogar, como en su comunidad: «irreprensible, marido de una sola mujer, sobrio, prudente, decoroso, hospedador, apto para enseñar, no dado al vino, no pendenciero, no codicioso de ganancias deshonestas, sino amable, apacible, no avaro, que gobierne bien su casa, que tenga a sus hijos en sujeción con toda honestidad, no un neófito, no sea que envaneciéndose, caiga en la tentación del diablo» (1ª Tim. 3:2-6). El predicador está sujeto a las más altas y exigentes normas de conducta y de moral.

3. *Madurez en la fe.*

Pablo nos advierte sobre el peligro de colocar neófitos en posiciones pastorales, por el riesgo de que éstos caigan en condenación, por llenarse de vanidad ante tanta prominencia (1ª Tim. 3:6). Lo mismo debe aplicarse a cualquier predicador. En sus principios le recomendamos que comience dando cortos testimonios a grupos de creyentes y amigos y familiares no creyentes. Luego de un período de estudio de la Palabra y de oración, y de estudio de las técnicas de la preparación de sermones como las que presenta este manual, debe comenzar a predicar bajo la supervisión de su pastor o de otros hermanos experimentados.

4. *Responsabilidad ante la tarea.*

El predicador es una persona con alto sentido de compromiso misionero, en la mayoría de los casos. Es una persona que dedica tiempo a la predicación para suplir la demanda causada por el hecho de que no se producen pastores al mismo ritmo que iglesias nuevas, especialmente en la América hispanoparlante. Por siglos, los laicos predicadores han sostenido y extendido la fe.

Por ese alto sentido de responsabilidad es por lo que

muchos hermanos se encuentran matriculados en seminarios, institutos bíblicos y academias teológicas. Algunos de ellos finalmente se dedicarán al pastorado. Pero la gran mayoría de ellos estudian con el solo y muy responsable propósito de estar preparados para enseñar la palabra como maestros o proclamarla desde los púlpitos como predicadores en las iglesias.

5. *La dirección del Espíritu Santo.*

El Espíritu Santo está en todo creyente (Rom. 8:9; 1ª Co. 3:16; 4:19; 12:13). Éste «os guiará en toda la verdad; porque no hablará por su propia cuenta, sino que hablará todo lo que oyere, y os hará saber las cosas que han de venir.» (Jn. 16:13). El Señor Jesucristo les dice a los que habrían de predicar su Palabra que el Espíritu Santo «os enseñará todas las cosas y os recordará todo lo que os he dicho» (Jn. 14:26).

Es necesario que como creyente, y especialmente como predicador, usted esté «lleno del Espíritu Santo». Ha de predicar con la convicción de que por el Poder del Espíritu Santo su mensaje llegará a los corazones. Ha de buscar la inspiración y la dirección del Espíritu Santo de tal manera, que su mensaje convenza «al mundo de pecado, de justicia y de juicio» (Jn. 16:8). El Evangelio sólo se predica auténticamente «por el Espíritu Santo enviado del cielo» (1ª Pedro 1:12). La predicación que no es ungida del Espíritu, no pasa de ser un ejercicio de intelectualidad religiosa.

B. Sus herramientas de trabajo

Para elaborar un buen sermón, se necesitan unos instrumentos o herramientas de trabajo de suma importancia. Estos instrumentos de labranza espiritual, es necesario adquirirlos y desarrollar destreza en su uso. A mayor cantidad de ellos y su uso eficiente, resultarán sermones más profundos, bien elaborados y cautivadores para el oyente.

Las herramientas más importantes son:

1. *La Biblia*

Ésta es la más importante de todas y por lo tanto es imperativo conocerla muy bien. Es necesario leerla a diario y dedicar tiempo para estudiarla con cuidado. Se requiere dominio en el manejo de la Biblia, comprender su naturaleza, su historia, el trasfondo de todos sus libros, su temática general y la específica de cada libro y texto. Se debe tener conocimiento de las reglas de interpretación bíblica (hermenéutica).

2. *Concordancia*

Ésta es una herramienta muy valiosa que nos ayuda a interpretar con fidelidad las palabras de la Escritura. Dios nos habla por su Palabra, Él es la Palabra. La importancia de un conocimiento y estudio cuidadoso de las palabras bíblicas, para así entrar en su significado, es obligatorio.

Hay muchas concordancias en español; sin embargo, hay dos de gran valor: la **Concordancia Española** de la Editorial Caribe (1969) y la **Nueva Concordancia Greco-Española del Nuevo Testamento con Índices**, compilada por Hugo M. Peter de la Editorial Mundo Hispano; junto a ésta es de gran valor el **Nuevo Léxico Griego-Español del Nuevo Testamento** de McKibben-Stockwell-Rivas, de la casa Bautista de Publicaciones.

Estos dos últimos tienen los vocablos coordinados en un mismo código numérico, lo que facilita enormemente el trabajo de investigación.

En estas concordancias, todas las palabras de la Biblia se encuentran ordenadas alfabéticamente. De este modo, se facilita buscar una palabra determinada de un texto bíblico en todos los distintos lugares de la Biblia en que se encuentre. Eso a su vez facilita el encontrar pasajes e ideas paralelos en la Palabra y ayuda a la comprensión del mensaje escritural; se llega con mayor precisión al significado o sentido del pasaje estudiado. La Concordancia greco-española, además, nos ayuda a entender las raíces de los términos usados; facilita el entender las distintas traducciones que un término griego pueda tener en español, y con ello ampliar las aplicaciones del texto a la vida diaria, entre otras cosas.

Otra concordancia muy útil es la temática. Hay algunas muy buenas en las librerías evangélicas de nuestros países hispanoparlantes.

3. *El diccionario bíblico*

Por medio de esta herramienta, conocemos el trasfondo histórico, la definición de términos antiguos, datos geográficos, y datos biográficos de los personajes bíblicos.

Los más usados son: el **Diccionario de la Santa Biblia**, por Rand y el **Compendio Manual de la Biblia**, de Halley. Estos textos son de gran ayuda para entender el contexto histórico-geográfico de los relatos bíblicos y para comprender las terminologías de la Biblia.

4. *La armonía*

Esta herramienta facilita el estudio de los evangelios. Los más usados son: **Una Armonía de los Cuatro Evangelios** de Robertson y **Un Paralelo de los Evangelios Sinópticos con Referencias a Juan,** de Wesley Matzigkeit. Son muy útiles también las notas y comentarios sobre ciertos puntos problemáticos del texto bíblico.

5. *La geografía*

El contexto geográfico de las historias bíblicas es importante en la interpretación de los pasajes; eso resalta la necesidad de una ubicación correcta de cualquier evento o personaje en el registro sagrado. Por ello, además de mapas y otras ayudas, es conveniente disponer de un libro sobre la geografía de las tierras bíblicas y de las costumbres y prácticas de los pueblos que las habitaban.

Entre muchos buenos libros, podemos señalar los siguientes: **Geografía Bíblica de Palestina** de Pistonesi; **Atlas Histórico Westminster de la Biblia** de Wright-Filton y **Geografía Bíblica** de Tidwell.

6. *La introducción*

Esta herramienta nos permite abrirnos paso en el estudio de la Palabra. En estos libros encontramos valiosa información sobre las fechas, los autores, los destinatarios y los propósitos de los distintos libros de la Biblia. También nos dará información sobre reglas de interpretación y algunos datos de transfondo histórico.

Dos títulos muy usados son: **Los libros de la Biblia,** de Angus-Green y **Conozca Su Antiguo Testamento-Conozca Su Nuevo Testamento** de Ralph Earle. Para los que quieran profundizar más, hay libros muy conocidos y otros de reciente publicación, disponibles en las librerías cristianas.

7. *Los comentarios*

Esta herramienta es de la mayor importancia para todo predicador. Tanto el predicador como otros ministros deben poseer por lo menos un comentario bíblico. Aunque éstos no son libros inspirados, son el resultado del trabajo exegético de maestros de la Palabra, que son de preciosa ayuda en el estudio de la Escritura. **El Nuevo Testamento Comentado** por William Barclay es quizás el mejor que tenemos en español al presente. Su limitación al Nuevo Testamento solamente es una verdadera lástima. Otros usados son el de Jamieson, Fausset y Brown en dos tomos. Mas gracias sean dadas al Señor que en los últimos años han salido un gran número de traducciones muy buenas y de gran valor y amplitud en el estudio y que están disponibles para aquellos que quieran ir a mayor profundidad bíblica.

Hay otros dos libros que le pueden ayudar mucho como auxiliares; así pueden ser libros tales como **Historia de la Iglesia Cristiana** de Walker; o **Historia del Cristianismo** (dos tomos) de Latourette; **La Historia de Israel** de Bright y una introducción a la teología sistemática. También otros libros sobre Homilética que le lleven a dominar mejor la técnica de preparación y presentación de sermones.

Estos libros le serán de mucha ayuda por muchos años. Pero recuerde: comience por lo más sencillo y según vaya adquiriendo experiencia, muévase hacia nuevos horizontes. Evite dos cosas: indigestarse por querer hacer mucho en poco tiempo, o estancarse por querer conformarse con muy poco. Igualmente evite predicar repitiendo al comentarista en todo. Use lo que Dios ha inspirado en su corazón.

PREGUNTAS Y EJERCICIOS

1.– Traiga a clase aquellos ejemplares que posea de los libros que se mencionan en este capítulo.

Describa su contenido y uso.

2.– Consiga algunas traducciones de la Biblia.

3

La Clasificación de Sermones

La Clasificación de Sermones puede ser una ayuda indispensable en la ardua tarea de descubrir ideas y material pertinente en el proceso de la construcción del sermón.[1] Por el otro lado, la tarea de clasificar siempre es difícil debido a las muchas posibilidades existentes. En este libro usaremos una clasificación sencilla, pero haciendo la salvedad de que no es ni absoluta ni exhaustiva, sino de ayuda al predicador.

A. Según su propósito

Todo sermón tiene que tener un propósito. Éste nos señala el para qué se predica el mensaje. Nos dice lo que se espera obtener como resultado de la predicación. En la mente del predicador debe estar claro hacia que meta específica quiere llegar, y debe poder expresarlo con claridad y sencillez. Un propósito bien definido nos ayuda a depender de la dirección del Espíritu Santo y, por ende, a comprender que no hay nada mágico en nuestra palabra, sino que ésta es un medio para lograr el objetivo.

1. *Evangelísticos (Kerigmáticos)*

Éstos presentan el mensaje de salvación a los que no conocen a Cristo como su salvador personal. Su meta es persuadir a los hombres a rendir sus vidas al Señor.

El sermón evangelístico tiene las siguientes características:

a) Declara el hecho de la condición perdida del hombre natural.

b) Proclama los hechos verídicos de la obra redentora de Cristo, e interpreta el significado de ellos.

c) Pregona cuáles son las condiciones de acuerdo con las cuales el hombre puede obtener beneficio de la obra perfectamente cumplida del Salvador. Éstas son: «arrepentimiento para con Dios, y fe en nuestro Señor Jesucristo» (Hch. 20:20, 21) y una profesión pública de su decisión.

Además, el sermón evangelístico debe tener las siguientes características prácticas:

1. *Debe ser interesante*, ya que el auditorio al cual va dirigido es inconverso, y por lo tanto, ignora las verdades divinas. Ello requiere dos cosas: un contenido llamativo, sencillo y de actualidad y una presentación atractiva, es decir, buen estilo y libertad retórica.
2. *Debe ser conciso*. No debe excederse de treinta minutos. Debe tener en cuenta que después de media hora, el oyente comienza psicológicamente a alejarse del predicador.
3. *Debe ser directo y personal*, de modo que los oyentes puedan sentir que se les está hablando personalmente. Hay que recordar que Dios es un Dios de personas y no de masas.

4. *Debe tener suficientes ilustraciones* para hacer el contenido claro y sencillo.
5. *Debe ir acompañado de un buen devocional.* La música debe ser movida, con ritmo ligero, alegre. Las lecturas devocionales deben ser breves y concisas; pasajes bíblicos de carácter evangelístico preferiblemente.
6. *Debe culminar con una invitación* sincera, reverente y persuasiva.[3]

2. *Doctrinales (Didácticos)*

Estos sermones son para instruir a los fieles sobre los fundamentos de la fe cristiana. Son la comida del alma del creyente. Ellos instruyen al redimido a vivir prácticamente los principios bíblicos. El Señor Jesucristo se caracterizaba por la enseñanza en la predicación.

La predicación doctrinal satisface las necesidades espirituales e intelectuales del creyente, instruye contra las doctrinas erróneas, motiva a la actividad y reta inclusive al predicador mismo. Ambos: predicador y congregación, experimentan desarrollo en su fe como resultado de la predicación doctrinal.

El obrero debe dominar las principales doctrinas y estar listo para exponerlas homiléticamente cuando así le sea requerido; él también tiene que, como todos los creyentes, estar «siempre preparados para presentar defensa con mansedumbre y reverencia ante todo aquel que os demande razón de la experanza que hay en vosotros» (1ª Pedro 3:15).

El sermón doctrinal debe exponer los fundamentos de la fe aplicados a las necesidades humanas. «Por tanto todo sermón doctrinal debe ser claro y sencillo, de este modo, el predicador deberá usar suficientes ilustraciones, un vocabulario familiar y pensamientos fáciles de captar».[4]

3. *Devocionales*

El propósito de este tipo de sermones es desarrollar la vida de adoración del creyente. Ayudarán, en la medida que logran su objetivo, a que el adorante intensifique y profundice en la devoción a Dios. Además, orientarán sobre la manera más apropiada de expresar la adoración. Estos sermones ayudarán al creyente a comprender la naturaleza divina de Dios como Señor al cual debemos toda honra y gloria; que nos ha redimido en Cristo y que, por lo tanto, tenemos que adorarle con «cántico nuevo» (Sal. 33:3) y «con entendimiento» (1ª Co. 14:15) en cada reunión de Su pueblo.

4. *Consagración*

Estos sermones van orientados a motivar al oyente a una vida de intenso servicio cristiano. El predicador persuade a su audiencia a que descubriendo sus dones y usando sabiamente su tiempo, dedique éstos a la causa del Reino de los Cielos. La consagración en la vida adorativa es el aspecto devocional de la vida cristiana, tanto privada como congregacional. De ahí la estrecha relación entre los sermones de consagración y los devocionales. Todos aquellos sermones que exhortan al creyente a demostrar su amor a Cristo por medio del servicio en la Obra, son sermones de consagración; a saber: sermones de mayordomía, de trabajo personal, de vida moral y de vocación, entre otros.

5. *Promocionales*

El propósito que se persigue con este tipo de sermón es el de que la audiencia se envuelva en el trabajo colectivo, tanto local como denominacional. Mientras que el sermón de consagración –con los cuales hay mucha similitud– busca fomentar el enriquecimiento de la experiencia personal, el sermón de promoción fomenta el aglutinamiento de voluntades y talentos para realizar labores de conjunto.

6. *Moralizador*

Estos sermones cumplen la tarea de orientar a la audiencia para que ésta ajuste su vida a las normas y prácticas que establece la Escritura. El nuevo creyente trae a la Iglesia costumbres y actitudes mundanas de las cuales ha de liberarse. A la misma vez, todos estamos sujetos a los intentos constantes de los medios de comunicación social masiva de modificar la conducta humana a patrones de vida social que muchas veces están reñidos con los principios establecidos en la Biblia. Es por lo tanto necesario exponer a la feligresía el mensaje que le permita ser limpiada por la Palabra (Juan 15:3).

El sermón moralizador señala los principios que Dios ha establecido para que las relaciones interpersonales se desarrollen en un plano de justicia, paz, decencia y honor. Estos principios bíblicos se aplican tanto a la vida personal privada, como a la vida comunitaria. De ahí que la familia, las instituciones de gobierno e instituciones privadas de todo orden, las relaciones obreropatronales, la distribución de las riquezas de un pueblo, la política, la calidad de la vida resultante del uso de los recursos naturales, y otro gran número de temas similares, caen bajo los temas del sermón de propósito moral.

7. *Aliento*

Ocurre en ciertas ocasiones que, tanto la congregación en conjunto como sus miembros individualmente, entran en situaciones de crisis y pruebas, produciéndose la consiguiente tribulación y dolor. El ser creyente en Cristo no nos exime de tiempos donde llegan las dudas, la tentación, el temor, las persecuciones, el luto, la privación económica, la enfermedad y otras muchas calamidades. Son días de llanto, de angustia y aun de desesperación, para muchos creyentes. Un mensaje de aliento, una palabra de estímulo, una llamada a la perseverancia, producen en el creyente el elevar su mirada por encima de su acuciante situación al Dios de toda consolación. Ese sermón fortalece la fe, haciendo que el creyente espere en su Señor. Ese sermón hará que el hombre doliente no dependa de su poca capacidad, sino que se fortalezca «en el Señor y en el poder de su fuerza» (Efesios 6:10).

B. El propósito específico

Los siete propósitos antes mencionados, son de tipo general. Es decir, orientan los sermones dentro de unas categorías, de acuerdo a su objetivo amplio.

El propósito específico es aquel que apunta a una necesidad particular de una situación local particular; es el que le dice al predicador para qué presenta su mensaje.

El propósito específico es un medio para llegar a

un fin, no es el fin en sí. «Es el punto de partida para la elaboración del sermón».[5]

El propósito específico «gobierna la elección del texto; influye en la formulación del tema; indica cuáles materiales de elaboración son idóneos y cuáles no lo son; aconseja el mejor orden para las divisiones del plan; y determina la forma en que el mensaje debe ser concluido».[6]

Cuando uno formula el propósito específico, debe tener en cuenta tanto los propósitos generales de la predicación, como conocer a su audiencia y disciplinarse a mantenerse dentro de un solo objetivo.

C. Según su mensaje

Todo mensaje cristiano tiene como características esenciales, tanto el ser bíblico en cuanto a su fundamento, como actualizado en su expresión.

1. *Bíblico*

Crane define un mensaje bíblico de la siguiente manera: «Un mensaje bíblico es aquel que está basado en la recta interpretación de un texto de la Biblia, tomando del texto su tema, desarrollando el tema en conformidad con la enseñanza general de las Escrituras, y aplicándolo a las necesidades actuales de los oyentes».[7]

Thompson define la predicación bíblica de la siguiente manera: «la predicación bíblica ocurre cuando los oyentes son capacitados para ver cómo a su mundo, al igual que al mundo bíblico, le es hablada la palabra de Dios y son capacitados para responder a esa palabra».[8]

H. Grady Davis[9] y Orlando Costas[10] manifiestan un

concepto muy amplio sobre la predicación bíblica. Para ellos, después que la idea o el concepto tenga base en el mensaje general del Evangelio, puede ser predicado como un sermón bíblico, aunque no haya un texto o pasaje específico al cual hacer referencia. Aunque no discrepamos con estos autores, no recomendamos al predicador laico ni al poco experimentado a que se envuelva en este tipo de tarea sermonaria. En primer lugar porque su complejidad lo hace difícil aun para predicadores experimentados, inclusive para algunos con entrenamiento teológico formal. En segundo lugar, porque requiere una cantidad de tiempo de trabajo y recursos de investigación que el laico no siempre tiene a su disposición. Y por último, y no menos importante, por lo fácil que resulta para hacer afirmaciones que no tienen sólida base teológica.

En resumen, la predicación bíblica es proclamar las Buenas Nuevas; es predicar a Cristo: su vida, muerte, resurrección y el señorío del Salvador. Es la misma «predicación apostólica» de la que habla Dodd[11] que caracterizó a la iglesia primitiva y a Pablo en su tarea de evangelizar al mundo no cristiano con el mensaje positivo de un Cristo que vino a morir por los pecadores y que vuelve a buscar a su iglesia (1ª Corintios 15:1-9; 1ª Tesalonicenses 1:8-10).

A partir de estas definiciones se han dividido los sermones, un poco arbitrariamente, en dos tipos:

1.-*Sermones de texto*: Éstos se caracterizan porque el texto bíblico (ya sea un trozo o un pasaje extenso) proveen tanto el tema como el orden en el desarrollo de la idea. Es decir, que la interpretación correcta de esa porción de la Escritura proveerá tanto el tema, como la secuencia argumentaria por el cual éste se desarrollará.

2.- *Sermones de asunto*. En éstos, el tema es el punto de partida. El texto será seleccionado de acuerdo a los requerimientos del tema; aunque también un aspecto del texto puede elevarse a tema. También el tema será el que dicte la secuencia argumentativa por la cual se desarrollará el sermón. En consecuencia, el orden de ideas del texto puede resultar igualmente alterado.

D. Actualizando el mensaje

El predicador debe desarrollar la habilidad de «actualizar» la Biblia. Por esto queremos decir que se debe hacer comprensible la Palabra a la gente en su situación de vida. Es necesario hacer claro a los oyentes lo que las Sagradas Escrituras tienen que decir al hombre en cada tiempo y cultura. Es de máxima importancia que el oyente pueda encontrar en la predicación la respuesta a las preguntas que el hombre de cada época y sociedad se hace. Al actualizar la Palabra, el predicador proveerá al oyente de guías claras y de opciones teológicamente sólidas ante los problemas éticos, morales y de toda índole que plantea la sociedad donde el oyente vive.

Recitar historias bíblicas, aun cuando éstas pueden ser muy interesantes y aun extravagantes para el oyente, sin establecer paralelos existenciales con éste, no pasa de ser un entretenimiento religioso. Mas cuando esa misma historia es interpretada a la luz de las áreas de necesidad del oyente, se convierte en Palabra viva para éste.

Actualizar la Palabra es darle a Cristo a la gente.

> «Cristo es el Evangelio; él es salvación; él es el objeto de la fe. Tener fe es poseer a Cristo Jesús. Por lo tanto, la

> predicación cristiana no es un ejercicio de enseñanza de un cuerpo de verdades, de transmitir textos sagrados, o de aun atestiguar hechos importantes. Ésta tiene que dar a Jesucristo; ésta tiene que comunicar su presencia. Mucho más allá que un asentimiento intelectual, la fe cristiana es un compromiso de la vida, del propio futuro, un reencauzamiento de la energía, el pensamiento y la acción».[12]

Es decir, que cuando el predicador actualiza su mensaje, hace posible que por la fe que viene por el oír la Palabra, el hombre se encuentre con Cristo en su hoy, en su aquí y en su ahora; a partir de ese encuentro, orienta la totalidad de su vida.

PREGUNTAS Y EJERCICIOS

1.– Dé cinco ejemplos de sermones según su propósito.

2.– ¿Qué es el propósito específico? ¿Cuáles tareas facilita?

3.– Explique en sus propias palabras el concepto de mensaje bíblico.

4.– Defina: sermón de texto y sermón de asunto.

5.– Explique qué es actualización.

4

EL Sermón

A. El Texto del Sermón

1. *Definición del texto*

> El instinto de la iglesia para ajustar su mensaje al testimonio de las Sagradas Escrituras, para usar las palabras de la Biblia en su predicación, no es el efecto posterior de una teoría o doctrina clara de la inspiración y autoridad de la Escritura. Es justamente del otro modo. Tan ciertamente la iglesia se ha sabido a sí misma vivir y moverse por la Palabra de Dios hablada, tan irresistiblemente ella escucha esa misma Palabra y esa misma voz en las Escrituras, que el efecto posterior no puede ser nada menos que tal reverencia por la Biblia que le causa, cuando ésta y aquellas son atacadas, afirmar su origen divino y verdad.[1]

La Biblia ha de proveer, por lo tánto, el texto para el sermón. Ya sea un pasaje corto, una sola frase inclusive, o un pasaje extenso, éste será la base textual del sermón.[2] De esa porción se obtendrá el tema del mensaje. Debe quedar claro que no es asunto de «si el sermón tiene un texto anexo a él, sino si la Escritura es la fuente del sermón o no; si el sermón dice lo que la Escritura dice, o no».[3] Tanto la substancia, como la esencia y el corazón mismo del sermón, tienen que ser bíblicos y responder a una correcta interpretación de la Escritura, que le permita al hombre un encuentro real con Cristo en medio de su vida.[4]

2. *Razones para tener un texto*

a) Autoridad La gente viene a escuchar lo que la Palabra tiene que decirles, no las ideas, fantasías, experiencias o cualquiera otra cosa surgida en la mente del predicador.[5] Cuando la gente oye la Palabra que viene del corazón de Dios, ellos se detienen y escuchan con atención.[6] Esa palabra que viene de Dios, da al predicador una posición de autoridad única frente a cualquier orador que presenta mensajes humanos, no importa cuán elocuentes sean sus palabras, cuán depurada sea su técnica, cuán bastos sus conocimientos y cuán interesante el tema.

b) Integridad El texto, independientemente de su extensión, ayudará a precisar la unidad del pensamiento. Por medio del texto, el predicador podrá establecer con exactitud los límites de su tema, evitando caer en generalizaciones y afirmaciones que no sean apoyadas por éste.[7] Así el predicador tendrá el poder de una interpretación correcta de la Palabra, la seguridad que provee el conocimiento de la materia que expone y la efectividad del que comunica correctamente la Escritura.

c) Variedad El uso de texto da una riqueza extraordinaria de tema al predicador. El predicador que estudia constantemente la Palabra no carecerá ni de temas para hablar, ni de ilustraciones para ampliar conceptos vertidos. Eso asegurará tanto diversificación, como mayor sabor celestial e interés al sermón. Claro que no estamos diciendo que el predicador debe convertirse en una máquina disparadora de textos bíblicos y nada más. Sino que usará la Palabra como medio para que el hombre vea constantemente los brazos abiertos de Dios para recibirle y la compañía constante de Dios en medio de su vida; esa variedad textual usada con propiedad y corrección, iluminará al oyente con la presencia misma del Señor.

d) Atracción El uso correcto y variado del texto consigue la atención de los oyentes.[8] Es decir que cuando el predicador es cuidadoso en la selección y uso de textos bíblicos, consigue hablar con autoridad, integridad y variedad. La suma de lo anterior hará que su predicación sea atractiva e interesante. Hará que una y otra vez los oyentes regresen para ser confortados, motivados y edificados por la predicación. Así el predicador contribuye finalmente al crecimiento eficaz en la fe del creyente.

3. *La elección del texto*

Consideremos algunos criterios importantes y que son necesarios al momento de escoger una porción bíblica para la predicación. Es necesario que el texto:[9, 10]

a) Se apodere del corazón del predicador. El predicador ha de sentirse atrapado, subyugado, iluminado por el texto.

b) Hable a las necesidades más apremiantes de la congregación. Ese sentido de pertinencia hará que se hable en cada ocasión de aquello que la mayoría del grupo percibe como de máxima urgencia en un momento dado.

c) Esté dentro de las capacidades del predicador. Tanto sus experiencias educativas como sus experiencias espirituales y sus relaciones interhumanas dirán hasta dónde puede llegar un predicador.

d) Esté guiado por la voluntad del Señor, según ésta se le hace evidente en la Escritura, por el testimonio interno del Espíritu Santo y por las circunstancias (obra providencial de Dios).

e) Provea para una dieta equilibrada. Que permita al oyente entrar en contacto con la rica variedad temática y situacional de la Escritura.

f) Haga hincapié en los aspectos positivos de la fe cristiana.

g) Motive a la acción específica.

h) Sea uno nada más. Sobre todo, los predicadores con poca experiencia, deben trabajar con una sola porción por sermón. Esto le dará menos oportunidades de error, de divagaciones y/o de decir muchas cosas sin llegar a ningún punto en particular.

4. *La interpretación del texto*

La interpretación de la Escritura nos ha de llevar según Thompson a descubrir tres expectativas básicas: *«(1) ésta revela la situación humana apartada de Dios; (2) ésta registra la naturaleza de gracia y la actividad de Dios; (3) ésta suscita una respuesta de sus lectores».*[11]

En este trabajo de descubrir lo que la Palabra dice, se ha de hacer la exégesis cuya tarea es «descubrir lo que Él (Dios) dijo de Sí mismo y Su voluntad, de modo que podamos saber lo que está diciendo de Sí mismo y está llamando a Su Pueblo que sea».[12]

Por otro lado está la tarea hermenéutica que tiene su interés en el significado del material bíblico para el presente.[13]

La tarea interpretativa requiere del que la realiza varias actividades:

a) Orar. Es de importancia imposible de exagerar, el que se busque la inspiración del Espíritu Santo y su dirección.

b) Leer. Tantas versiones de la Escritura como pueda conseguir en su propio idioma y otros idiomas que sepa leer. El conocimiento del griego y del hebreo bíblico permitirá estudiar en el idioma original. Mientras lee, debe anotar tanto sus pensamientos, como especialmente los puntos principales y el tema central. Es muy conveniente leer el pasaje varias veces hasta captar la mayor cantidad de detalles. Esta lectura múltiple facilitará que el Espíritu Santo nos ayude a comprender más y mejor y nos hará «sacar» temas o ideas para sermones. A este nivel usted debe decir el contenido del pasaje en sus propias palabras, debe tener una idea clara del concepto de Dios y de Cristo que en él se establece, y delinear la enseñanza o demandas que plantea al lector.

c) Estudiar. El predicador tiene que conocer el trasfondo histórico del pasaje y su contexto inmediato. La Concordancia y el Diccionario Bíblico le ayudarán en el estudio de pasajes paralelos en otros libros bíblicos y en datos históricos, geográficos y culturales. El diccionario y los comentarios bíblicos *con las otras herramientas* antes mencionadas, nos ayudarán a entender el propósito del libro a sus destinatarios. Es necesario estudiar las palabras y nombres cuyo significado nos es desconocido. Los distintos libros de la Biblia como literatura, pueden ser clasificados en históricos, poéticos, proféticos, epistolares, parabólicos, apocalípticos. Cada uno de estos estilos literarios tiene sus principios interpretativos propios. Es aconsejable que se conozcan los principios de interpretación bíblica (hermenéutica) según se explican en libros de este tema.

d) Actualizar. Éste es un momento creativo donde el predicador aplica el pasaje a la situación de su audiencia. Se anotan las diferencias, similitudes y paralelismo entre el pasaje bíblico y la situación de los oyentes. Se le hacen preguntas al texto; debemos saber de «qué está hablando y qué es lo que está diciendo».[14] Esto se consigue viendo el texto primero como una unidad, buscando su significado como un todo y luego dividiéndolo en sus partes.[15] De ahí se llega a ver qué es lo que Dios tiene que decir a la presente situación. Así el texto viene a ser Palabra de Dios viva y real para el oyente. Así el oyente puede oír a Dios y sentir su compañía.[16]

e) Consultar. Una vez terminado el trabajo antes dicho, se debe ir a los comentarios bíblicos. Primero debe hacerse el análisis propio, organizar las ideas obtenidas en el estudio y luego consultar a los expertos. Así sumará a lo ya logrado, el aporte de la tarea de los maestros bíblicos. Cuando el estudio y la investigación están concluidos, debe haber un conocimiento amplio y bien definido del contenido del texto, su contexto histórico y bíblico inmediato y las posible aplicaciones. En ese momento habrá descubierto el sentido exacto de lo dicho por los autores bíblicos y comprendido la aplicación práctica del mensaje para nuestro tiempo.

H. Grady Davis nos da un gran consejo profesional:

> Si usted puede encontrar exactamente lo que el texto le dice, y si usted no hace otra cosa que decir claramente y

> convincentemente lo que el texto dice, el sermón recibirá crédito inmerecido por originalidad y frescura. ¡No se preocupe porque esto sea tan sencillo! Requiere estudiar duro, más apertura personal, para escuchar lo que el texto le dice a usted.[17]

B. El tema del sermón

Cuando se estudia con cuidado un texto bíblico, se descubre en éste un asunto central o tema que le da sentido de unidad y unos sub-temas que lo apoyan. Tanto el tema, como uno de los sub-temas, pueden usarse como tema del sermón. Veamos ahora qué queremos decir por «tema» del sermón.

1. *Definición del tema del sermón*

El tema, simplemente, es la idea central del mensaje, el asunto de lo que éste trata. Éste contestará la pregunta: ¿de qué está hablando el predicador? En el proceso de la preparación del sermón, el tema estará presente tanto en el título como en la proposición. Debemos hacer la distinción de que el sermón entonces tendrá un solo tema que se expresará en forman condensada en el título y más desarrollado en la proposición.

El **título** es el nombre dado al sermón. Es una frase que señala la dirección que el sermón tomará. Esta frase debe ser breve, sugestiva, interesante, no sensacionalista y no dirá nada del contenido del sermón. Este título será el medio de promocionar el sermón, motivará a los oyentes a conocer su contenido. Escrito en el boletín semanal, en los periódicos, con el indicador de la iglesia, o en el tablón de anuncios, será un testigo silencioso que invitará a las personas a enterarse de los detalles del tema a ser desarrollado en el sermón.

La **proposición** tiene más importancia. Ésta contiene el tema en una oración gramatical completa y concisa. Es una condensación del sermón, una expresión en pocas palabras del mensaje. Es el centro mismo del sermón.

Examinemos un ejemplo:

Texto:	Marcos 1:40-45
Tema:	Jesús sana a los enfermos
Título:	Lo que Jesús hace
Proposición:	Todo aquel que viene a Jesús humillado en fe, buscando salud, encuentra que Jesús quiere y puede sanarlo.

Observe que el título es una frase de cuatro palabras. Con ellas se insinúa el tema y se llama la atención del oyente potencial. La proposición, como puede verse, resume todo el mensaje. La proposición encierra el plan del sermón: éste desarrollará la proposición.

Hay varios métodos de formular una proposición.[18]

a) *Por definición breve del asunto.* Se intenta definir en una sola oración la distinción entre el asunto y otros asuntos relacionados. Ej.: Rendirse a Cristo es una entrega incondicional.

b) *Por medio del propósito del sermón.* En este caso, el propósito general o específico del sermón es incluido en una oración completa. Ej.: Todo creyente en Cristo aporta de sus dones materiales, intelectuales y espirituales para la obra.

c) *Por medio de un resumen del tema y las divisiones principales del sermón.* Ej.: La vida cristiana es una de lucha y victoria. Para ello es necesario: 1) venir a Cristo; 2) oír sus palabras, y 3) hacer lo que Él dice.

2. *La determinación del tema*

El tema es el aspecto particular del asunto que ha de ser desarrollado en el transcurso del mensaje. Un pasaje bíblico normalmente tiene un solo asunto, pero muchos temas. «Un sermón, sin embargo, no sólo tiene un solo asunto, sino también un solo tema». [sic][19] Cuando hablamos de «asunto» nos referimos a aquello sobre lo cual trata el pasaje. Es una faceta bíblica amplia y general de la cual se puede derivar un número de temas.[20]

El tema del sermón se expresa en una oración breve, clara y que abarca el contenido del sermón. Ésta será la «espina dorsal» del sermón. Así que, por ejemplo, en un asunto como el de los dones del Espíritu Santo, podemos hacer de cada uno, un tema independiente; de la ministración de estos dones, podemos derivar otra serie de temas y así sucesivamente.

En este manual estaremos trabajando con temas derivados directamente del texto. Éste es el método más sencillo y conveniente para todos los predicadores, pero para los predicadores que están iniciándose, lo es más. Hay técnicas más especializadas en los libros de Costas,[21] Crane,[22] y Thompson[23] (para los que leen en inglés).

La determinación del tema y el análisis del asunto del texto, podemos hacerlo por el sistema que Costas[24] sugiere:

Primero: Clasificamos el pasaje o el tema según su carácter en biografías, narraciones históricas, doctrinas, ética o poesía.

Segundo: Se procede a hacerle preguntas al asunto del texto y al tema. Esto se hace partiendo del carácter de éstos.

a) Biografías y narraciones. El análisis del contexto nos dará muchos datos e información respecto a personas y sucesos. De ahí se procede a «preguntar» al asunto central del texto y lo mismo al tema del sermón sobre conclusiones, promesas, errores a evitarse, consejos prácticos a seguir, función de la fe en las personas envueltas y la relación entre Dios, Cristo y el Espíritu Santo, con el asunto y el tema.

b) Doctrinas. Las preguntas irán dirigidas a clarificar el significado de la doctrina, su importancia en la Biblia, su relevancia en la vida del creyente, su relación con la fe, y la enseñanza general del pasaje sobre esa doctrina.

c) Ética. El interrogatorio al asunto o al tema irá dirigido a clarificar los términos, tanto del asunto como del tema en cada caso particular; el tiempo cuando se practica el principio ético, así como las relaciones que establece entre el individuo y Dios y entre los seres humanos se pregunta también, al igual que la relación con otros principios éticos.

Hasta este momento hemos visto que en la preparación de un sermón seguimos el orden o secuencia siguiente:[25]

–Se establece el propósito
–Se escoge el texto bíblico
–Se analiza el contexto del pasaje
–Se analiza el texto
–Se establece el asunto del texto
–Se analiza el asunto
–Se determina el tema

Ya hemos visto que estos dos últimos pasos se desarrollan por un mismo método.

Luego de haber determinado nuestro tema, y que lo hemos analizado, aún debemos ver si éste llena las características de un buen tema.

3. *Características de un buen tema*[26]

a) Tiene que ser lo suficientemente limitado como para que sea bien definido. Que indique con claridad lo que se va a decir.

b) Tiene que tener poder expansivo. Que explote alcanzando en varias direcciones. Motivará a explicar su significado y a clarificar lo que se quiere decir.

c) Tiene que ser verdad. No una verdad aceptada superficialmente. Es algo que ha persuadido profundamente a la persona que habla. Es una afirmación que le estremece y le motiva a producir un sermón.

d) Tiene que estar saturado de las realidades de la vida misma. Tiene que ver con los valores universales: con el significado de la vida y la muerte; con sentimientos tan profundos como el amor, el odio; con actitudes humanas; con conflictos humanos; con las luchas, ansiedades, temores, anhelos y otra miríada de cosas que se relacionan con la existencia misma.

e) Tiene que manifestar una de las múltiples facetas del Evangelio de Cristo. Esto es mucho más importante que todo lo anterior y lo que diferencia al sermón de cualquier otra obra literaria. Aquí se expresarán el amor y la bondad, y la verdad de Dios, por medio de ideas comprensibles.

4. *El desarrollo del tema*

Luego que tenemos un buen tema: bien buscado, pertinente y bien clasificado, procedemos a desarrollarlo.

Esto lo hacemos por medio de los «procesos retóricos del sermón».[27]

a) *Narración.* Se usa especialmente en la introducción del sermón. Se describen con sencillez los detalles del transfondo bíblico o de eventos contemporáneos que relacionan al predicador con su audiencia.

b) *Interpretación.* Ésta se encuentra principalmente en el cuerpo del sermón. Hay varias formas de hacerlo:

–Por paráfrasis, definición, amplificación, descripción (comparación, contraste, asociación).

–Haciéndole preguntas. Esto se discutirá más adelante.

–Usando las preguntas lógicas para analizar, ya sea la proposición, o las divisiones principales (ver pág. 60). Se busca encontrar: causa y efecto; ir de lo concreto a lo abstracto, de lo general a lo específico, de lo familiar a lo desconocido.

c) *Ilustración.* Es el uso de anécdotas, ejemplos y analogías para arrojar luz sobre lo que se quiere comunicar. Son ventanas que se abren para que su luz aclare, ya sean puntos de difícil comprensión, o aplicaciones prácticas.

d) *Aplicación.* Esto es característico y fundamental en el sermón. No ayuda a plantear las implicaciones prácticas del tema. Su planteamiento se hace lo mismo directa que indirectamente en el cuerpo del sermón, como en su conclusión, o en ambos. Una ilustración bien escogida y desarrollada puede ser muy efectiva para aplicar el tema.

e) *Argumentación.* Es el desarrollo o progresión lógica de la idea. Responde a preguntas que lógicamente puede hacerse la audiencia y prevee situaciones potenciales. Responde a posibles objeciones; presenta pruebas en apoyo a lo dicho y puntualiza lo lógico del planteamiento. En ningún momento implica entrar en polémicas con la audiencia.

f) *Exhortación*. El sermón debe concluir en un punto apasionante. Esto moverá al oyente a responder al mensaje, al hacerse la invitación. Aun cuando todo el sermón irá exhortando en su desarrollo, es al concluir cuando la exhortación encuentra su expresión por excelencia.

5. *Interrogantes que resultan de la proposición y que son útiles en el desarrollo del sermón*

Ésta es la manera de hacerle preguntas al tema que mencionamos en la sección anterior. Cuando queremos establecer un movimiento lógico y suave entre la proposición y el cuerpo del sermón, lo podemos hacer por medio de una pregunta. Toda proposición bien formulada dará lugar cuando menos a una pregunta. Cuando surgen varias interrogantes, lo apropiado es escoger aquella que sea más afín al propósito del sermón. Aunque esta pregunta no debe aparecer en el bosquejo, estará implícita en éste.

Las interrogantes sermonarias, son preguntas que tienen mucho uso en otros campos, tales como el periodismo, por ejemplo.

Éstas son siete:

–**¿Quién?** Nos pone en contacto con un número de personas a las cuales se les identifica o se les puede incluir al aplicar algún principio.

–**¿Cuál?** Nos lleva a una secuencia de cosas, opciones o decisiones.

–**¿Qué?** Nos abre la puerta a la búsqueda de significados, definiciones, características, idiosincrasias, entre otros.

–**¿Por qué?** Nos estimula el razonamiento, análisis de objeciones, planteamientos de motivación así como propósito.

–**¿Cuándo?** Nos coloca en la búsqueda de la dimensión de tiempo y espacio, y nos obliga a pensar en etapas, niveles, estratos y condiciones.

–**¿Dónde?** Nos conduce en la investigación del lugar, orígenes, fuentes y causas.

–**¿Cómo?** Nos introducirá en la búsqueda de procedimientos, patrones, métodos, formas y sistemas.

6. *Ejemplos para ilustrar lo antes dicho*

Decíamos que seguiremos el sistema de desarrollar temas obtenidos directamente del texto. Esto se puede hacer, ya sea sin alterar el orden del texto, o usando un orden que responda al propósito del sermón.

a) De acuerdo al orden del texto

Primer ejemplo:

Texto: Lucas

Tema: Características del cristiano victorioso.

I EL CRISTIANO VICTORIOSO VIENE A CRISTO (V. 47a).

II EL CRISTIANO VICTORIOSO OYE A CRISTO (v. 47b).

III EL CRISTIANO VICTORIOSO HACE LO QUE DICE CRISTO (v. 47c).

Observe que hay aplicaciones en cada punto.

Segundo ejemplo:

Texto: 2ª Corintios 5:17-21

Tema: La Reconciliación

I SE ORIGINA EN DIOS (V. 18).

II SE LOGRA EN CRISTO (v. 19).

III SE COMUNICA POR EL HOMBRE (V. 20).

En este caso vemos desarrollo por argumentación.

b) Alterando el orden del texto

Primer ejemplo:

Texto: 1ª Juan 2:15-17

Tema: El Acceso a la Eternidad.

I RESULTA DE LA OBEDIENCIA A DIOS (v. 17).

II RESULTA DE CONOCER LO QUE NO ES DE DIOS (v. 16).

III RESULTA DE LA FIDELIDAD A DIOS (v. 15).

En este caso vemos el desarrollo por progresión lógica, donde va del efecto a las causas.

Segundo ejemplo:

Texto: 1ª Juan 4:7-9

Tema: La Dinámica del Amor

I EL AMOR ES LA ESENCIA DIVINA (v. 8).

II EL AMOR SE EVIDENCIA EN EL HIJO (v. 10).

III EL AMOR SE MANIFIESTA EN EL CREYENTE (v. 7).

En este caso vemos el desarrollo por exposición; se usarán ilustraciones, descripciones, etc.

7. *La palabra clave*

La palabra clave es un instrumento que permite sintetizar en un solo vocablo las divisiones principales de un sermón. Por lo general, es un nombre plural, una forma verbal o un adjetivo en plural. La palabra «naturaleza» usada en una proposición didáctica, es la única excepción a esta regla.

La palabra clave puede ser parte integral de la proposición. Pero si la proposición hace necesaria una oración transicional para conectarse con el cuerpo del sermón, entonces es necesario incluir la palabra clave en esta oración específica. Deben evitarse palabras demasiado generales, tales como «cosa», «negocios», «intereses» y otras similares.

La palabra clave es de una utilidad extraordinaria por su valor práctico, tanto en cuanto a que permite mantener el rumbo bien claro, como en cuanto a la solidez que le da a la estructura misma del sermón, dada la coherencia entre las partes. Es decir, que al aparecer la palabra clave en cada división (puede estar de forma implícita) principal del sermón, habrá sentido, unidad, relación lógica y progresión lógica entre las partes del tema.

En este caso, la palabra clave dará el tono característico a las divisiones del sermón. Ello hará que el predicador pueda memorizar su sermón, y que el auditorio pueda recordarlo con más fidelidad y por más tiempo.

De este modo, la palabra clave tiene un valor práctico adicional para los predicadores que no usan notas para la predicación.

8. *La oración transicional*

Decíamos en la sección anterior, que hay proposiciones que hacen necesario una oración transicional. Es decir, una oración que facilite el paso desde la introducción del sermón hasta la primera división o primer punto del sermón. Es a modo de una conexión retórica que propicia el paso lógico de la proposición a las divisiones principales del sermón.

Así que podemos tener una proposición que a su vez es oración de transición, o una oración de transición independiente de la proposición y que será un puente entre ésta y el cuerpo del sermón.

Esta oración transicional incluirá: la palabra clave, la interrogante sermonaria o su sustituto y la proposición.

Ya sea que usemos la proposición para ir directamente al sermón o la oración transicional, la que sea, deberá aparecer en la parte final de la introducción del bosquejo del sermón; es decir: será una subdivisión de la introducción.

Veamos varios ejemplos.

1) ***Proposición***: Cristo debe venir a nuestra casa.
Interrogante: ¿Por qué?
Oración transicional: Es conveniente (interrogante sustituta) que escuchemos la invitación que Cristo nos hace, de ir a nuestra casa (proposición), porque lo necesitamos (palabra clave).

2) ***Proposición***: Leer la Palabra nos hace mucho bien.
Interrogante: ¿Cómo?
Oración transicional: Los efectos (palabra clave) beneficiosos de la Biblia en el ser humano (proposición), se observan (interrogante sustituta) en los que la leen.

3) ***Proposición, interrogante y oración transicional***:

La vida abundante que Cristo nos ofrece se hace una realidad en tu vida cuanto te dejas dirigir por lo que enseña la Biblia.

Con lo que hemos estado estudiando hasta este momento, hemos hecho el trabajo preliminar de la preparación de un sermón. Toda la investigación, el estudio, acopio de materiales, búsqueda de temas y la proposición, palabra clave, interrogante sermonaria y oración transicional, nos dejan listos para entrar en el desarrollo del tema en sus diferentes partes: es decir, en el desarrollo del bosquejo. Ese será el tema de los próximos capítulos.

PREGUNTAS Y EJERCICIOS

1.– Dé una definición propia para el término «texto» del sermón.

2.– Resuma las razones para tener un texto bíblico para cada sermón.

3.– Indique tres criterios importantes para escoger una porción bíblica.

4.– Indique las actividades necesarias durante el trabajo de la interpretación de un texto bíblico.

5.– Defina el concepto de «tema sermonario».

6.– ¿Qué es el título del sermón?

7.– Defina la proposición.

8.– Haga este ejercicio y entréguelo por escrito:

Texto: ______________________

Tema: ______________________

Título: ______________________

Proposición:

9.– Señale las características de un buen tema.

10.– Señale los procesos retóricos del sermón.

11.– Dé las siete interrogantes sermonarias, o preguntas lógicas.

12.– Ejercicios prácticos:

Haga un bosquejo de un tema tomado de un texto sin alterar el orden natural de éste, y otro alterando el orden.

Texto: ______________________

Tema: ______________________

I ______________________ (v.)

II ______________________ (v.)

III ______________________ (v.)

13.– Defina la palabra clave. Escoja un verso bíblico apropiado y dé un ejemplo de palabra clave.

14.– Explique en sus propias palabras qué es la oración transicional y qué incluye.

5

Los puntos principales y secundarios

La organización del bosquejo para el desarrollo del tema se logrará por medio de los puntos o divisiones principales y los puntos o divisiones secundarias.

A. Los puntos principales se caracterizan por lo siguiente:

1– *Surgen de la proposición y de la interrogante sermonaria que ésta plantea.*

2– *Son, por lo tanto, respuestas a la pregunta que surge de la proposición.*

Veamos un ejemplo:

Proposición: Leer la Palabra te hace mucho bien.
Interrogante: ¿Cómo?
Palabra clave: Efectos.

I LA PALABRA TE LIMPIA
II LA PALABRA TE SANTIFICA
III LA PALABRA TE ILUMINA
IV LA PALABRA TE HACE SABIO

da punto tiene una idea central; única, que con-
al desarrollo del tema. Cada idea hará su aporte
etirse con los otros puntos. Observe que en el
ejemplo que antecede no hay repetición de ideas.

4– *Los puntos principales deben ser dos como mínimo y cinco como máximo.*

5– *Los puntos principales deben tener uniformidad en su* formulación. Es decir, que si el primero es una afirmación, los demás deben serlo; que si es una pregunta, los otros igual. Esta uniformidad se extenderá a frases, adjetivos, sustantivos, predicados, etc.

6– *Los puntos principales han de tener una buena organización.* En la organización siempre existe un principio directivo. En el sermón, éste es parte integral del tema. Es principio directivo y será de gran valor para la selección de partes esenciales al tema y la eliminación de aquellas que, aunque puedan ser muy valiosas y atractivas, no sean esenciales. Además regirá la combinación del material del sermón, permitiendo la colocación de cada parte en el lugar donde pueda darle mayor expresión al tema y al texto de donde se obtuvo.

El principio directivo que contribuirá a la buena organización, es el que establecerá el patrón de división de las partes. Este patrón puede surgir, como hemos visto antes, del desarrollo de:

a) Preguntas sermonarias

b) Palabras claves

c) Procesos retóricos del sermón.

En el ejemplo anterior, el principio directivo surge de la palabra clave: *efectos.*

7– *Los puntos principales han de contribuir al movimiento o desarrollo progresivo del tema.* Han de facilitar el paso feliz; gradual y armónico del desarrollo desde la introducción hasta la conclusión del sermón.

Esto se logra por medio de:

a) *Ordenación apropiada de los puntos principales.* Los criterios para ello pueden ser factores cronológicos, lógicos, psicológicos, evangelísticos, didácticos y prácticos. Sobre todo, serán dictados por el propósito del sermón.

b) *La transición feliz de un pensamiento a otro.* Es decir, el evitar los saltos a los «baches» entre una idea y otra. Para ello se requiere, sobre todo, el uso sistemático de las «oraciones de transición» de las que ya hemos hablado. Éstas no sólo permitirán pasar de la introducción al cuerpo del sermón, sino que lo harán igualmente entre las partes de éste. Una fórmula muy usada, aunque en nuestra opinión poco imaginativa, es la enumeración: «en primer lugar, en segundo lugar», etc. Otro modo de hacer la transición y conexión con el siguiente punto, es la repetición de la primera oración transicional o una paráfrasis de ésta.

Igualmente se puede repetir, recapitular o parafrasear la proposición. Podemos usar frases tales como: «en adición a»; «por otra parte»; «por lo tanto»; «en resumen»; «finalmente». Por formas verbales tales como: «noten»; «observen»; «vean» y otras similares. Debe tenerse el cuidado de usar una frase que cree expectativas que podamos cumplir con lo que se va a decir; especialmente al usar frases como aquellas de «por último», «finalmente», y «en conclusión».

c) *Usar el tiempo presente.* Mediante este recurso, la progresión se realizará por medio de la actualización. La audiencia captará la pertinencia del sermón, verá la relación con su circunstancia existencial y pasará del concepto vertido a la aplicación práctica de éste.

Veamos un mensaje basado en Hechos 16:31, que ilustre lo anterior, presentándolo correctamente e incorrectamente.

Tema: Alcances de la salvación

Lo incorrecto

I SERÁS SALVO
II TU CASA TAMBIÉN
III EN JESUCRISTO HAY SALVACIÓN

Tema: Alcances de la salvación

Lo correcto

I LA SALVACIÓN PERSONAL
II LA SALVACIÓN ES UNIVERSAL
III LA SALVACIÓN ES POR CREER EN CRISTO

8– *Los puntos principales deben ser anunciados de una forma o de otra durante la predicación del mensaje.* Esto se puede hacer al comienzo, en el transcurso o en la conclusión del sermón. Esto permite al oyente avanzar, junto con el predicador, hacia el propósito específico; lo que es otra manera de contribuir a la progresión del tema.

9– *Ningún punto debe ser coextensivo con el tema*, es decir, no debe ser tan largo o abarcador como éste.

10– *Al redactar el bosquejo final los puntos principales van en mayúscula todas las palabras y subrayadas.* Otra manera de destacarlos es usar tinta de un color diferente al resto de las partes del bosquejo. Subraye igualmente las frases o palabras que quiera destacar.

B. Los puntos secundarios se caracterizan por lo siguiente:

1. – Son ideas que contribuyen al desarrollo del punto principal.

2. – Su número aunque no es menor de dos, no debe sobrepasar tres y, en situaciones excepcionales, cuatro.

3. – No son anunciados como se hace con los puntos principales. Eso evita la confusión en la mente de la audiencia.

4. – Se mantiene la uniformidad en su formulación o fraseo; lo mismo que en los puntos principales.

5. – La transición de una idea a otra no se anuncia. Se mantendrá un movimiento progresivo acorde con el del tema total, de modo que la mente del orador pasará sin sobresaltos de un subpunto al siguiente.

6. – El desarrollo de los puntos secundarios se puede hacer usando los «procesos retóricos del sermón», según se explica en el capítulo anterior.

En el arreglo del bosquejo del sermón, ya tenemos el cuerpo central de éste. En el siguiente capítulo veremos cómo se comienza y termina el sermón y qué recursos usar para clarificar ideas.

Examinemos algunos ejemplos de desarrollo de lo que hemos estudiado hasta ahora.

Ejemplo Nº 1

SERMÓN EVANGELÍSTICO
Análisis del texto

Pasaje: Hechos, 16:25-34.
Es un pasaje biográfico.

Análisis del contexto: Hechos 16:11-24.

1. Orador o autor del pasaje:
Lucas; el médico que acompaña a Pablo en sus viajes.
2. Los receptores del mensaje.
Lydia de Tiatira – inconversa.
Esclava endemoniada – inconversa.
Dueños de la esclava – inconversos.
Jueces y pueblo – inconversos.
Carcelero – hombre con autoridad – inconverso.
3. Tiempo o época:
Segundo viaje misionero.
4. Lugar: Filipos, provincia de Macedonia.
5. Ocasión:
Pablo y Silas fueron acusados, encarcelados y azotados, porque los dueños de una esclava que poseía espíritu de adivinación pierden su fuente de ganancia, al liberar Pablo a la esclava de dicho espíritu.
6. Objetivo para incluir el pasaje en la Biblia:
Demostrar el avance de la iglesia y el poder con que Pablo predicaba y ministraba.
7. Asunto:
Es de carácter biográfico; relata el trabajo de Pablo y varias personas con las que él se relaciona.

Análisis del texto: Hechos 16:25-34.

v. 25: Pablo y Silas están orando y cantando a Dios; los presos les oyen.

v. 26: Terremoto: – puertas abiertas, cadenas se sueltan.

v. 27: Carcelero intenta suicidarse al creer presos se habían ido.

v. 28: Pablo evita el suicidio.

v. 29: Carcelero se postra ante Pablo y Silas.

v. 30: Carcelero pregunta sobre la salvación.

v. 31: Pablo y Silas predican la palabra al carcelero y a toda su casa.

v. 33: Carcelero cura heridas a Pablo y Silas.
Carcelero y familia son bautizados.

v. 34: Carcelero lleva a Pablo y Silas a su casa y les sirve.
Carcelero y su casa se gozan en el Señor.

Del texto y su contexto se pueden derivar varios temas; veamos algunos:

1. Los sufrimientos de los misioneros.
2. Los triunfos de los misioneros.
3. El gozo aún en la aflicción.
4. La efectividad de la Palabra.
5. Las respuestas de un alma convertida.
6. Alcances de la salvación.

Análisis del Asunto:

Decíamos que es de carácter biográfico.

1. Conclusiones del pasaje: termina en victoria.
2. Promesas: salvación por fe.
3. Relación con Cristo: la salvación es por creer en Cristo.

Más adelante, en este manual, encontrará otro método para desarrollar el análisis del asunto.

Ya hemos hecho todo el trabajo preliminar. Este trabajo ahora puede ser complementado por el estudio de un comentario bíblico, el diccionario, y la geografía bíblica.

Pasemos al desarrollo del bosquejo. En este caso el propósito es kerigmático (evangelístico). Pongámosle nombre y tema, proposición, palabra clave e interrogante sermonaria.

Título: *Creer y salvación.*
Tema: Alcances de la salvación.
Texto: Hechos 16:25-34.
Proposición: La salvación de una persona con fe en Cristo puede alcanzar a muchas personas.
Interrogante sermonaria: ¿Cómo?
Palabra clave: Creer.

A partir de la pregunta que se le hace a la proposición y al texto, y siguiendo el orden natural de este último, se desarrolla este bosquejo que sigue:

I – (¿Cómo?) *La Salvación es personal.*
1. Carcelero preguntó por su salvación (v. 30).
2. Carcelero es invitado a creer personalmente: «Cree en el Señor Jesucristo» (v. 31).
3. (Oración Transicional) De ése, el que cree, se va a otras personas y entonces:

II – (¿Cómo?) *La Salvación es universal.*
1. Carcelero lleva a Pablo y a Silas a su hogar (v. 31).
2. Carcelero y familia oyen predicación de la Palabra (v. 32).
3. Carcelero y familia responden (v. 32).
4. (Oración Transicional) Por lo tanto:

III – (¿Cómo?) *La Salvación es por creer en Jesús.*
1. Carcelero y familia creyeron en Jesús (v. 33).
2. Carcelero y familia se bautizaron en el nombre de Jesús (v. 33).
3. Carcelero y familia experimentaron gozo al creer en Jesús (v. 34).

Este bosquejo se desarrolla mostrando las evidencias que nos da el pasaje. Los puntos principales surgen de las respuestas a la interrogante sermonaria y el orden argumentativo (evidencia) sigue el orden del texto.

Ejemplo Nº 2

SERMÓN DOCTRINAL
Análisis del texto

Texto: Tito 2:11-15.
Es un pasaje doctrinal

Análisis del contexto:

1. Autor del pasaje: Pablo.
   Apóstol de los gentiles.
   Aquí se pueden añadir otros datos conocidos de Pablo.
2. Receptor del mensaje:
   Tito –pastor– misionero.
   Gentil.
   Se escribe a la iglesia a través de su pastor.
3. Tiempo de la carta:
   Año 64-66 d.C.
4. Lugar:
   Isla de Creta.
5. Ocasión:
   Mientras Tito está en Creta.
6. Objetivo:
   Instruir a la iglesia sobre prácticas deseables en el creyente.
7. Asunto:
   La conducta personal.

Análisis del texto: Tito 2:11-15.

v. 11: Gracia de Dios se manifiesta por salvación.

v. 12: Enseña: Renunciar a la impiedad y a deseos mundanos.
Vivir en sobriedad, justicia y piedad.

v. 13: Aguardar: Esperanza bienaventurada y la manifestación de Cristo.

v. 14: (Cristo): –Se da por creyentes
–Redime de iniquidad
–Purifica para sí un pueblo propio
Pueblo: –Celoso de buenas obras

v. 15: (Tito) debe: hablar, exhortar, reprender con autoridad: Sin ser menospreciado por nadie.

Temas que se pueden derivar de este texto:

1. El propósito de manifestación de la gracia (v. 11).
2. La conducta personal (v. 12).
3. Cristo: esperanza de la Iglesia (v. 13).
4. Cristo: efectos de su obra (v. 14).
5. La tarea pastoral (v. 15).

Éstos son unos ejemplos básicos y sencillos; pero se pueden obtener otros temas a partir del texto.

Escogeremos para desarrollar el tema:

La conducta personal.

Análisis del asunto

Lo que podemos hacer por medio de preguntas.

1 – ¿Qué es conducta personal?
La respuesta se puede buscar en tres tipos de diccionarios: De la lengua, Psicológico y Bíblico.

2 – ¿Qué importancia tiene esta conducta?
–En la vida del creyente.
–En la vida de la iglesia.
–En su relación con la comunidad.

3 – ¿Cómo puede relacionarse esta doctrina con otras?
–Doctrina de salvación por fe.
–Doctrina de enseñanza.

4 – ¿Cómo será la vida del que practica esta doctrina?
–Vida limpia, alegre, productiva.
5 – ¿Qué relación hay entre fe y conducta?
–Conducta es resultado de fe en Cristo.

Desarrollo del tema

Título: *Cómo conducirse en la vida.*
Texto: Tito 2:12-13.
Tema: La conducta personal del creyente.
Proposición: El creyente es llamado a conducirse positivamente.
Interrogante sermonaria: ¿Cómo?
Palabra Clave: Conducta.

I ¿Cómo?) *Renunciando a lo negativo.*
a) La impiedad (v. 12).
b) Deseos mundanos (v. 12).
II (¿Cómo?) *Afirmando lo positivo.*
a) La sobriedad (v. 12).
b) La justicia (v. 12).
c) La piedad (v. 12).
III (¿Cómo?) *Esperando en Cristo.*
a) Es bienaventurado (v. 13).
b) Es glorioso (v. 13).
c) Es propio (v. 13).

Este sermón se desarrolla por argumentación. Los argumentos en apoyo a la proposición se obtienen de las respuestas a la interrogante sermonaria; se siguió el orden natural del texto.

Ejemplo Nº 3

SERMÓN PASTORAL
Análisis del texto

Texto: Salmo 103:1-5.
Análisis del contexto:

1. Autor: David. Efreteo de Belén de Judá.
   Rey de Israel –(1012-972 a.C.) político, militar extraordinario y eficiente administrador.
   Poeta –sensibilidad extraordinaria.
   –vivencias expresadas en sus escritos.
   Profeta –hace declaraciones mesiánicas.
   –a su vez es objeto y sujeto de varias profecías importantes.
2. Destinatarios del mensaje:
   –Él mismo en primer lugar.
   –Pueblo de Israel en adoración.
3. Tiempo o época:
   –(Año-desconocido).
4. Lugar: Jerusalén.
5. Ocasión: Expresión de gratitud.
6. Objetivo: Mostrar cómo se alaba apropiadamente.
7. Asunto: Alabanza.

Himno individual

Análisis del texto: Salmo 103:1-6.
v. 1: Bendice: alma mía a Jehová
todo mi ser.
su santo nombre.
v. 2: No olvides sus beneficios.
v. 3: Él: perdona iniquidades.
sana dolencias.

v. 4: Él: rescata del hoyo la vida.
corona de favores y misericordias.
v. 5: Él: sacia de bien tu boca.
te rejuvenece como águila.
v. 6: Él: hace justicia y derecho a víctimas de violencia.

Temas que se pueden derivar de este texto:

1. Motivos de alabanza a Dios.
2. El perdón de alabanza a Dios.
3. Ser rescatado.
4. Experimentar saciedad.
5. Rejuvenecer por la acción de Dios.
6. La violencia.

Análisis del asunto

Este asunto se desarrolla por narración:

1 – ¿Qué experiencia narra?
Perdón, rescate, abundancia y justicia.
2 – ¿Qué acción estimula?
La alabanza, la gratitud, la recapitulación de bendiciones.
3 – ¿Qué relación hay con experiencias de persona que relata?

David describe sus vivencias:
Perdón – pecó de adulterio y asesinato entre otros.
Rescate – fue librado de manos de Saúl entre otros.
Misericordia – Dios le perdona.
Saciedad – Conoció la opulencia.
Justicia – Dios le da lo prometido.
– Dios lo declara justo.

4 – ¿Qué relación hay entre Dios y su alabanza?
–Él es acreedor de alabanza.
–Él es digno de alabanza.
–Él es más que todo lo bueno que de sí se diga.
–Él es el único objeto de la alabanza de su pueblo.

Desarrollo del tema

Título: *¡Alabemos a Dios!*
Texto: Salmo 103:1-6.
Tema: Motivos de alabanza a Dios.
Proposición: Todos tenemos motivos para alabar a Dios.
Interrogante sermonaria: ¿Cuáles?
Palabra clave: Beneficios
I –*Alaba al Dios que te salva.*
a) Perdonando tus iniquidades (v. 3).
b) Rescatando tu vida (v. 4).
II –*Alaba al Dios que te bendice.*
a) Sanándote de enfermedades (v. 3).
b) Haciéndote favores (v. 4).
c) Mostrándote misericordia (v. 4).
d) Saciándote el hambre (v. 5).
e) Efectuándote justicia (v. 6).
f) Librándote de violencia (v. 6).
III–*Alaba al Dios que te inspira.*
a) Con toda tu alma (v. 1).
b) Con todos tus recursos (v. 1).

En este sermón se usó el texto, pero se alteró el orden de éste. Los puntos se desarrollaron por expresiones exhortativas que surgían al frasearse las contestaciones a la interrogante sermonaria.

Estos ejemplos aquí vistos nos dan una idea de un patrón básico de elaboración del sermón. En los capítulos anteriores, indicamos que hay otros métodos de desarrollo del tema. Sin embargo, si se domina el patrón básico, éste servirá de punto de partida para otros patrones.

PREGUNTAS Y EJERCICIOS

1.– Preliminares del sermón

a) Determine el propósito del sermón y anótelo.

b) Seleccione un texto bíblico apropiado.

c) Analice el texto y su contexto; determine:

– Contenido general

– Carácter (biográfico, narrativo, doctrinal u otro).

– Haga la exégesis verso a verso del texto bíblico, o por palabras, si es un solo verso o una sola frase.

d) El análisis del pasaje le dará varios temas. Escoja uno que sea afín al propósito del sermón.

2.– Desarrollo del tema.

a) Formule una proposición de acuerdo al propósito, texto y tema escogidos.

b) Para desarrollar el tema puede usar una de las siguientes alternativas:

– Hacerle preguntas a la proposición por medio de una interrogante sermonaria, y contestar con las respuestas que da el pasaje seleccionado y otros pasajes de apoyo bíblico.

c) Organice el material homilético obtenido de hacer las preguntas, de acuerdo a una progresión lógica. Para ello use uno de los procesos lógicos de los procesos retóricos mencionados en este manual.

3.– Organización del bosquejo.

a) Coloque en un esquema los puntos principales y secundarios, tomando como modelo el siguiente patrón:

Texto: Libro bíblico ____________ Cap. _____ ver. ___

Tema: ____

Proposición: ______________________________________

I ____

A ____

B ____

II ____

A ____

B ____

III ____

A ____

B ____

b) Asegúrese que todo los puntos principales y secundarios estén formulados uniformemente.

6

La Introducción, la Conclusión y las Ilustraciones

Todo sermón tiene un punto de partida, otro de llegada e indicadores de ruta que ayudan a clarificar el rumbo. Cada una de estas partes tiene una importancia que no se puede exagerar; son parte integral del sermón y es necesario aprender a diseñarlas y usarlas. Veamos pues la introducción, la conclusión y las ilustraciones.

A. La introducción

La introducción es la primera parte del sermón. Sentará la tónica del mensaje. Captará la atención de los oyentes. Estimulará la buena disposición de la audiencia hacia el predicador iniciando la comunicación entre éstos.

Los autores de libros de Homilética señalan la importancia de la introducción, desde varios puntos de vista. Broadus[1] dice que la introducción tiene el propósito de interesar en el tema y de preparar a la audiencia para entenderlo. El interés a despertar será tanto intelectual como espiritual y práctico.

Costas[2] la señala como un medio de establecer contacto con la audiencia. Crane[3] dice que la introducción debe conseguir buena voluntad para el orador, atención y disposición de aprender.

Davis[4] analiza los términos *atención* e *interés*, que son característicos del objeto de una introducción. Señala que «atender» e «interesarse» son verbos transitivos es decir, que mueven la acción hacia alguien o algo. Al igual el propósito de la introducción es «introducir» (es decir, que es transitiva a alguien o algo. El deber de la introducción es «introducir la idea central, ya sea el tema, proposición, mensaje, preguntas o narración».[5]

1. *Clasificación*

Podemos agrupar las introducciones del siguiente modo:

1) Las que se basan en el momento de la predicación.
2) Las que surgen del tema general del pasaje, o del mensaje.
3) Las que relatan historias jocosas.
4) Las que citan las Escrituras.
5) Las que hacen una pregunta retórica y le dan contestación.
6) Las que comienzan con una declaración sorpresiva.
7) Las que hacen una paráfrasis del texto que sirve de base para el sermón.
8) Las que se refieren al predicador mismo. Teniendo cuidado de no caer en apologías personales.

9) Las que se refieren a libros, periódicos y revistas y a los medios electrónicos de comunicación en masa.
10) Las que aducen a acontecimientos contemporáneos.
11) Las que describen, gráficamente, un hecho o evento.
12) Las que declaran con franqueza el propósito del sermón.

2. *Características*

Una buena introducción es:

a) *Interesante.* Que capte el interés del oyente en el texto y/o tema a discutirse. Es necesario hacer hincapié en la importancia del asunto y poner en claro la terminología.

b) *Simpática.* Establece un vínculo afectivo positivo entre el predicador y su tema, con su audiencia, eliminando las barreras comunicativas que puedan haber.

c) *Reconfortante.* Permite que el oyente se sienta calmado.

d) *Informativa.* Provee al auditorio una visión amplia del tema, satisfaciendo la natural curiosidad de éste.

e) *Apropiada.* Que tome en cuenta la cultura general del auditorio, sus tradiciones, costumbres y gustos.

f) *Positiva.* Que apunte a las soluciones positivas que el Evangelio da a toda situación humana.

g) *Progresiva.* Su movimiento avanzará, desde un punto de partida conocido de la audiencia, hacia lo desconocido.

h) *Inclusiva.* Incluirá resumidamente el pasaje bíblico integrado con el tema de la introducción.

i) *Precisa.* Su movimiento está dirigido a llegar a la proposición. Como ya sabemos, la proposición, que es el sermón condensado, será presentada explícita o implícitamente en la introducción.

j) *Breve.* De 3 a 5 minutos.

k) *Creativa.* Su contenido debe ser sugestivo, variado y nuevo, sin caer en extravagancias.

l) *Cristiana.* Que refleje los distintivos de amor, amistad, franqueza, sinceridad, modestia, sencillez, buen gusto, tacto y unidad de la fe evangélica.

Broadus[9] insiste en algunas características adicionales que debemos tener en cuenta:

a) Debe consistir de un solo pensamiento.

b) No debe prometer demasiado en sus pensamientos, estilo o entrega.

c) Debe ser preparada cuidadosamente.

3. *Arreglo o composición de la introducción*

La introducción es la última parte en arreglarse del sermón. Esto nos garantiza que sea apropiada.[10]

a) *«La oracion de acercamiento».*[11]

(1) Es la oración que abre el sermón

(2) Se encuentra con la audiencia en el momento mismo de su vida y pensamiento dentro de la experiencia del culto.

(3) La proposición, que ya ha sido preparada de antemano, será la oración que cierre la introducción y abra paso por vía de la oración transicional; cuando es necesario; hacia el cuerpo del sermón. En algunos casos, como se señaló oportunamente, la proposición sirve de oración transicional.

Veamos un ejemplo, tomado de Costas,[12] de una introducción:

> El título del sermón es: Un carcelero desesperado; se basa en Hechos 16:25-34.
>
> (Situación de Contacto)
>
> (Oración de acercamiento) (Intr.): Entre los diversos problemas agudos que confronta la sociedad moderna, uno de los más crónicos es el suicidio.
>
> 1. Esté es un problema que no se puede esperar resolver con el desarrollo socio-económico y tecnológico del mundo. El número de suicidios aumenta a medida que avanza el desarrollo tecnológico del mundo, y es en países de un nivel económico alto, donde se da la mayoría de los suicidios.
> 2. El suicidio es un intento violento de acabar con la vida en un instante.
>   (1) En su forma más amplia, el suicidio es una forma de escapar de la vida y de sus diversos problemas.
>   (2) El suicidio se le presenta como una opción a la persona en crisis, cuando ésta llega a un punto culminante de desesperación; ha perdido su razón de ser y no halla otra alternativa en la vida que la del fin violento y rápido.
>
> (Introducción del Pasaje)
>
> 3. Era ésta la situación en que se halló el carcelero de Filipos, al ser despertado por un gran terremoto que sacudió los cimientos de la cárcel e hizo que se abrieran las puertas y se soltaran las cadenas de todos los presos.
>
>   (1) La situación puso al carcelero en un estado de desesperación, porque allí había dos presos peligrosos.
>   –Las autoridades le habían confiado el cuidado de Pablo y de Silas, después de haberlos azotado por

alborotar al pueblo con enseñanzas religiosas extrañas.
–Los magistrados le habían encargado explícitamente guardarlos con seguridad.
–Él, interpretando las instrucciones, los había metido en el calabozo de adentro.

(2) Al ver, pues, las puertas de la cárcel abiertas, el carcelero, desesperado por lo que parecía haber sido un fracaso profesional, opta por el suicidio.
–Pero al sacar la espada para matarse, Pablo, clamando a gran voz, le dice: «No te hagas ningún mal, pues todos estamos aquí».
–El carcelero profundamente conmovido por esas palabras se precipita adentro, y, temblando, se postra de rodillas y les pregunta a Pablo y a Silas: «Señores, ¿qué debo hacer para ser salvo?»

(Proposición)

4. En esta ocasión nos proponemos analizar la pregunta de aquel carcelero desesperado que, a través de los años, ha sido y será la pregunta clave del hombre.

(Oración Transicional) –Notemos varios aspectos de la misma.

En este magnífico ejemplo de una introducción vemos cómo el autor comienza por tomar una preocupación general, lo lleva a un caso en particular, que en el ejemplo es el del pasaje. Entonces pasa a introducir el pasaje por medio de una narración cuidadosa de los eventos que anteceden a la pregunta que será objeto de análisis en el cuerpo del sermón. Esta manera viva de narrar, nos permite prácticamente entrar a la celda de más adentro y ser «testigos presenciales» del acontecimiento. De una forma definitiva, este procedimiento nos deja en lo que Davis llama:[13] «preguntas estructurales tales como: ¿De qué irá a hablar él hoy?» y «Qué en general irá él a decir acerca de ello?». También puede dejar «preguntas funcionales»[14] tales como: «¿Es esto cierto?» o «¿Lo creemos?»; «¿y eso qué?», o «¿Qué asunto éste me presenta a mí, el oyente?».

B. La Conclusión

«La conclusión es la parte del sermón que desenlaza su contenido y hace su unidad claramente visible».[15]

> La conclusión es el momento en el cual los oyentes pueden estar más cerca a ver el todo de la idea y todo ello a una vez. Es el momento en el cual el asunto puede verse en su máxima claridad, sentirse su agudeza, y traerse a la vida donde, si en algún lugar, tiene que ser resuelto. La conclusión es la última oportunidad de alcanzar el propósito del sermón, cualquiera que esto sea.[16]

El sermón ha de concluir, no sólo detenerse, debe llegar a su final, no sólo esfumarse.[17] Crane[18] lo caracteriza como un aterrizaje feliz al final de un vuelo.

Es un momento de gran importancia donde se concretiza toda la continuidad del sermón.

1. *Propósito*

a) *Resumir* el tema desarrollado y recordárselo al oyente.

b) *Estimular* la memoria del oyente y fijar el mensaje.

c) *Confrontar* al oyente con su vida personal.

d) *Motivar* a una decisión por Jesucristo y por el estilo de vida que el Evangelio postula.

e) *Proponer* al oyente las alternativas cristianas de acción para que éste pueda practicar las enseñanzas expuestas.

f) *Apuntar* las diferencias entre lo que Cristo ofrece al hombre, frente a lo que ofrece el mundo.

2. *Características*

a) *Breve*; no más de 3 minutos.
b) *Clara*; que diga bien su mensaje.
c) *Fresca*; que se exprese en nuevos términos.
d) *Variada*; tanto en su estructura como en su estilo.
e) *Vigorosa*; que se sienta su poder de convicción y de expresión.
f) *Practicable*; que sugiera cosas que se puedan hacer.
g) *Natural*; que refleje un carácter sencillo y no petulante o melodramático en el predicador.
h) *Positiva*; tanto en su expresión como en las alternativas finales que proponga.
i) *Persuasiva*; que deje un mensaje convincente y que abra puertas a decisiones libres. Que evite tanto la manipulación como la demagogia.

3. *Redacción*

a) *Debe bosquejarse cuidadosamente.*
b) *Debe desarrollarse progresivamente.*
c) *Debe tener una oración de apertura.* Ésta será la proposición invertida o una paráfrasis de ésta.

Ejemplo Nº 1

Proposición: En Cristo los perdidos encuentran dirección para sus vidas.

Conclusión: Si hoy te sientes perdido, desorientado o confuso, pon tu mirada en Cristo; Él quiere orientar y darle sentido a tu vida.

Ejemplo Nº 2

Proposición: Cristo te da dones para que le sirvas.
Conclusión: Sirve hoy a Cristo; descubre tus dones, desarróllalos, úsalos.

4. *Clases de conclusiones*

a) *De resumen o compendio.*

1) Por **recapitulación** fiel de las divisiones principales del sermón.

2) Por **paráfrasis** de los puntos principales del sermón.

3) Por **epigramas** de las divisiones principales del sermón. Éstas se expresan en una sola palabra cada una.

Ejemplo: Ríndete; recibe; acepta.

4) **Por resumen** de aplicaciones. Se presenta una lista de acciones concretas a realizarse que se han mencionado a través de todo el sermón y aquí se recapitulan.

b) *Conclusiones de aplicación.* En sermones de exposición, donde no se han aplicado los conceptos, se señalan indicadores (pautas, medios, acciones concretas) para responder al Evangelio, para practicar en la vida personal o congregacional.

c) *Conclusiones de motivación.* Se persuade y estimula al oyente a realizar grandes objetivos, a aspirar a metas superiores personales, como respuestas al mensaje.

d) *Conclusiones de contraste.* Se contrastan ideas inspiradoras, esperanzadoras y reconfortantes, con verdades severas, con realidades necesarias de cambio.

e) *Conclusiones de anticipación.* Se anticipan las objeciones al mensaje y se les responde a cada una. Esta conclusión es apropiada para hacer caricaturas de situaciones o problemas específicos.

f) *Conclusión de combinación.* Se fusionan dos o más métodos de los antes mencionados. Por ejemplo: se resumen los puntos principales, se aplica sugiriendo acciones concretas, y se contestan las posibles objeciones.

5. *Recursos útiles para la conclusión*

–Promesas bíblicas.
–Afirmaciones sorpresivas.
–Preguntas retóricas.
–Proverbios.
–Himnos o poemas.
–Citas apropiadas.
–Repetición del texto.
–Una parábola o testimonio.
–No haga chistes, ni relate historias humorísticas, pues puede ser contraproducente.

C. Las Ilustraciones

Las ilustraciones son un recurso muy valioso en la predicación. Éstas permiten clarificar conceptos y traer variedad en el desarrollo de la exposición. «La ilustración es aquella parte del sermón que ayuda a la congregación a ver con los ojos de la mente. Apela a los poderes de la imaginación».[19] «Las ilustraciones le dan alas al sermón y le ayudan a levantarse por encima de la abstracción, al nivel de la objetividad, o a la inversa, ayudándole a bajar de las nubes de la abstracción a la situación concreta de la congregación.[20]

1. *Propósito de las ilustraciones*

a) *Clarificación del tema, la proposición o las ideas de los puntos principales y secundarios.*
b) *Vitalizar la verdad expuesta.*
c) *Apuntalar los argumentos.*
d) *Convencer directa o indirectamente.*
c) *Fijar lo expuesto.* Las ilustraciones son retenidas en la memoria más que las ideas abstractas en la mayoría de los casos. Una ilustración ceñida a la verdad que ilumina, fijará esa verdad en la mente del oyente por mucho más tiempo.
f) *Alegrar.* Dando una nota humorista que puede aliviar tensiones acumuladas.
g) *Captar la atención de niños y jóvenes en especial y de todos en general.*
h) *Explicar.* Dar luz al asunto.
i) *Fortalecer el argumento.*
j) *Conmover los sentimientos.*
k) *Repetir placenteramente verdades ya señaladas.*
l) *Descansar la mente del oyente.*

2. *Cualidades de las ilustraciones*

a) *Comprensible*; que sea entendida por todos. Debe estar en un nivel de experiencia común al predicador y a su auditorio.
b) *Pertinente*; que sea apropiada y no necesite ninguna explicación.
c) *Interesante*; que su contenido suscite atención. Esto es especialmente cierto, de ilustraciones que se refieren a las necesidades de la audiencia.
d) *Gráfica*; estimula la imaginación del oyente permitiéndole ver lo que el predicador dice.

e) *Breve*; que no distraiga la atención hacia asuntos secundarios.

f) *Creíble*; cuando se habla de hechos reales, hay que ajustarse a la verdad histórica. Cuando se usan ilustraciones hipotéticas, debe aclararse ese hecho.

g) *Fresca*; nueva o poco conocida. El uso de ilustraciones de libros tienen el peligro de ser usadas tanto, que muchas gentes las conocen.

Anderson[21] incluye otra:

h) *Honesta*; sin exageraciones, sin alteración de datos, auténtica.

3. *Clasificación de las ilustraciones*

a) *Históricas*. Narraciones relacionadas con hechos verídicos.

b) *Anecdóticas*. Experiencias verídicas personales o de otros. Humorísticas o serias. Relatadas con agudeza y precisión.

c) *Demostrativas*. Cuando se utilizan objetos visibles con el propósito de dar una lección. Ejemplos: Libros, monedas, documentos; en mi caso, he usado efectos audiovisuales.

d) *Dramáticas*. Cuando se dramatiza o actúa la verdad que se quiere ilustrar. Éstas son muy aceptadas por el pueblo hispanoparlante.

e) *Alegóricas*. Se presenta la idea respaldándola con metáforas, se presenta a la mente un objeto con el propósito de que recuerde una idea.

f) *Poéticas*. Poemas o versos selectos que ilustren la idea.

g) *Analógicas*. Se establecen puntos similares entre

dos conceptos o ideas; o atributos, características, efectos, etc.

h) *Las que usan figuras del lenguaje*, tales como metáforas, símiles, hipérboles, etc.

i) *Las que usan citas directas* de fuentes conocidas. Citas que pertenecen al acervo cultural del pueblo.

4. *Fuentes de ilustraciones*

El predicador debe ser un buen lector, un buen observador, y un buen oidor, ya que por esos medios tendrá acceso a una buena cantidad de ilustraciones.

De ese modo puede llegar a un caudal inagotable de fuentes tales como:

a) *Biografías.*

b) *Las artes* (pintura, escultura, literatura, arquitectura, música y danza).

c) *Los deportes* (de mucho interés especialmente para la juventud).

d) *Testimonios personales.*

e) *La Biblia.*

f) *La historia.*

g) *La imaginación.*

h) *La naturaleza* (mundo animal, vegetal y mineral).

i) *Los misioneros y su trabajo.*

j) *La observación personal* (problemas, actitudes y tendencias).

k) *Los medios de comunicación* (radio, prensa y televisión).

l) *Viajes.*

m) *La literatura nacional y universal.*

5. *Redacción de las ilustraciones*

Las ilustraciones deben ser escritas en el bosquejo al igual que los demás componentes del sermón. La técnica es sencilla:

a) Haga un resumen de ella en una frase.

b) Ordénela debajo de la idea que ilustra y anote una palabra para identificar la frase.

c) Use una sola ilustración por punto, excepto cuando la ilustración sea principio de desarrollo de las divisiones secundarias.

d) Si la ilustración se ha de usar para introducir, aparecerá al principio del bosquejo. Su uso apropiado establecerá un inicio muy efectivo de la comunicación. Si ésta se usa para concluir el sermón, dará el toque final a éste y bien usada dará un cierre poderoso y efectivo.

6. Palabras de advertencia[23]

El uso de ilustraciones puede prestarse al abuso. Para evitar esto, es bueno tener en cuenta las siguientes reglas sencillas:

a) No construya sermones alrededor de ilustraciones.

b) No use ilustraciones que necesiten explicación.

c) Evite la monotonía en el uso de ilustraciones cada semana.

d) No ilustre lo obvio.

e) No altere los datos de la ilustración.

f) No sea el héroe de sus ilustraciones. Cuando use experiencias personales, asegúrese de usar aquellas que glorifiquen al Señor.

g) No use ilustraciones que desvíen la aten[illegible] oyentes del asunto principal del sermón.

h) En la América de habla hispana, es bu[illegible] el uso de ilustraciones sobre personajes o si[illegible] controversiales, especialmente aquellas relacionadas con la política.

Ya hemos terminado con el estudio de todas las partes del sermón. Ahora nos falta lo más importante: el bosquejo final y la presentación del sermón. De ello nos ocuparemos en el siguiente capítulo.

PREGUNTAS Y EJERCICIOS

1.– Defina en sus propias palabras la introducción, la conclusión y las ilustraciones.

2.– Prepare una introducción, la conclusión y las ilustraciones necesarias para el bosquejo que preparó en el ejercicio del Capítulo 5.

–Haga un bosquejo detallado de cada una de ellas.

3.– Escriba las oraciones de transición necesarias.

Introd.

1. ______
2. ______
3. ______
4. Proposición ______

Orac. Trans. ______

I ______

A ______ (v.)

B ______ (v.)

Ilust. ______

II ______

A ______ (v.)

B ______ (v.)

III ______

A ______ (v.)

B ______ (v.)

Conclusión ______

1. ______
2. ______
3. ______
4. Llamamiento ______

7

El Bosquejo y la Presentación

A. El Bosquejo

El bosquejo o esqueleto del sermón es el arreglo u ordenación final del material obtenido del trabajo investigativo. Allí se colocarán en orden lógico las ideas que llevarán el pensamiento desde su introducción hasta la conclusión.

Los procesos retóricos anteriormente discutidos (Narración, Ilustración, Aplicación, Argumentación, Exhortación e Interpretación) son los que usamos para formular el sermón y se reflejarán en el bosquejo.

El bosquejo final debe aparecer en una sola hoja de papel o tarjeta de archivo de tamaño regular. Debe escribirse a máquina, de ser posible, o a mano, con letras de tamaño grande y legible. Se deben usar abreviaturas y signos de taquigrafía personal. Debe hacerse un índice ordenado para facilitar la visión; igualmente útil es subrayar puntos, palabras o datos clave.

Veamos un diagrama que nos será de utilidad para entender el trabajo hecho hasta ahora.

Diagrama de la Elaboración del Sermón

PRELIMINARES
Inspiración del Espíritu Santo Propósito Selección del Texto Bíblico Análisis de Texto Análisis de Asunto TEMA

Recursos Retóricos Para Presentar El Sermón
1. Narración 2. Interpretación 3. Ilustración 4. Aplicación 5. Argumentación 6. Exhortación

Desarrollo Final del Sermón
PROPOSICIÓN Interrogante Sermonaria Palabra Clave BOSQUEJO FINAL Título: ______ Texto: ______ Tema: ______ Introducción: 1. Oración Acercamiento 2. ______ 3. Proposición 4. Oración transicional I PUNTOS PRINCIPALES A. Puntos Secundarios (v.) Ilustraciones II ______ (v.) III ______ (v.) Conclusión: 1. Oración de apertura (Proposición invertida) 2. ______ 3. Llamamiento

Veamos un bosquejo final de un sermón.[1]

Título: *Buscando Significados*
Texto: 1ª Corintios 1:30
Tema: Lo que Cristo significa para nosotros.

Introducción:
El hombre por instinto busca la lógica o el sentido de las cosas (oración de acercamiento).

1. En su mente:
   (1) Busca conocer el ¿Por qué?
   Es decir las razones.
   (2) Busca conocer el ¿Cómo?
   Es decir el proceso.
   (3) Busca conocer el ¿Para qué?
   Es decir el propósito.
2. La fe cristiana está sujeta al escrutinio humano.
   (1) Debe responder a sus interrogantes.
   (2) Debe satisfacer sus necesidades.
3. El apóstol Pablo escribiendo a los corintios nos da respuestas fundamentales sobre el significado de Cristo para el hombre. (Introducción del pasaje).
4. Quiero analizar con ustedes el significado que Cristo tiene en nuestras vidas. (Proposición).
5. ¿Qué significa Cristo para nosotros? (Interrogante sermonaria y oración transicional unidas).

I – Cristo Significa Sabiduría

A. Sabiduría: (v. 30).
–(Def.) Es la aplicación de lo que uno sabe a lo que uno hace a fin de lograr un buen vivir. (dicc. Bíblico).

–(Ilust.) Es como salir de la casa con paraguas y capa cuando está nublado y se ha anunciado lluvia en la radio.

B. Es el saber de las últimas cosas:
Pablo dice: (Ref. Bibl.) 1ª Co. 2:6-10. Que Dios revela a los suyos una sabiduría *especial, oculta* al hombre mundano, y para la *gloria* de los suyos.
Lo revela el Espíritu Santo.

C. Cristo significa entonces que nuestra vida está, por Él capacitada para proceder correctamente y en nuestro bien.
(Recapitulación).
(Oración Transicional). Además.

II – Cristo Significa Justificación

A. Justificación es:
–(Def.) Relación correcta con Dios.
Es el resultado de lo que Dios ha hecho por nosotros, en Cristo Jesús.

B. Justificación es:
Estar *libre* de culpa (Ro. 8:1).
Ser declarado *bueno* por Dios, gracias a la obra de Cristo en la Cruz.
–(Ilust.) Es como cuando alguien paga nuestras deudas. (Oración Transicional). Dios en Cristo nos declara justo pero hay más:

III – Cristo Significa Santificación

A. Esta palabra tiene la misma raíz que *santo* (etimología).

1. Santo es un adjetivo – describe al santificado.
2. Santo es un nombre – identifica al santificado.

B. Santo es alguien que ha sido acercado a Dios a través de Cristo y el Espíritu Santo.

C. Santificado es aquel cuya vida es opuesta a lo inicuo y a lo impuro. (Aplicación). Ref. Ro. 6:19; 1ª Tes. 4:3a, 7.

(Oración de transición). Todo lo anterior es posible gracias a lo que Cristo es hecho por nosotros, al decir de Pablo; en último término:

IV – Cristo Significa Redención

a) Redención es ser librados por Cristo de:
pecados pasados
debilidades presentes
miedos futuros

b) Redención es ser librado por Cristo:
de la esclavitud del yo
de la muerte eterna (Ro. 6:23)
de la condenación (Ro. 8:1).

c) Redención es:
recibir libertad en Cristo
recibir vida en Cristo.

Conclusión:
En la búsqueda de sentido a la vida, encontramos pleno significado en Cristo.

(Oración de Apertura)

1. Cristo le da sentido a la vida porque:
   a) La hace *sabia* – bien vivida y digna de vivir.
   b) La hace *justa* – libre de culpa.
   c) La hace *santa* – cerca de Dios y lejos del mundo.
   d) La hace *redimida* – salva para Dios en Cristo.

Llamamiento:

Cristo significa un nuevo orden y un nuevo estilo para la vida.

1. Esto es posible para usted:
   a) Si reconoce que su vida necesita *un nuevo* significado.
   b) Si está dispuesto(a) a que su vida pueda *cambiar*.
   c) Si *cree* de todo corazón que Cristo puede hacer ese cambio.
2. Por lo tanto, le invito a que:
   a) *Confiese* a Cristo su necesidad.
   b) *Pida* a Cristo su ayuda.
   c) *Ruegue* a Cristo su perdón.
   d) *Rinda* a Cristo su vida.
   e) *Confiese* públicamente su fe. (Levantando su mano, poniéndose en pie).

El llamamiento es la parte final del sermón. Éste se caracteriza por ser claro, positivo, insistente, dar indicaciones precisas y depender del Espíritu Santo. En algunos casos puede estar implícito en la conclusión.

Los preliminares de este sermón que no aparecen en el bosquejo directamente son:

1. Propósito: Evangelístico.
2. Interrogante sermonaria: ¿Qué?
3. Palabra clave: Significado.

Los preliminares que aparecen integrados al bosquejo son: La Proposición (nº 4 de la Introducción: ... «el significado que Cristo tiene en nuestras vidas»); la Interrogante Sermonaria (nº 5 de la Introducción: «¿Qué significa Cristo para nosotros?»), esta pregunta sirvió además como Oración de Transición; la Palabra clave es: («significado»), la que usó en varias formas gramaticales.

Es de notarse que se siguió el orden natural del texto y que dentro del cuerpo se usaron varios de los procesos retóricos.

B. La Presentación

La tarea de presentar el sermón a la audiencia requiere tanto cuidado como la preparación que hemos estudiado hasta el presente. El esmero al preparar el sermón debe mantenerse al ofrecer el producto del esfuerzo realizado.

Se pueden identificar al menos cuatro métodos de entregar el sermón:

1. *Bosquejos de notas*

Estas notas coordinarán la presentación de ideas. Este método tiene mucha aceptación de parte de los predicadores hispanoparlantes. La extensión del bosquejo puede ir desde notas muy breves; desarrollo en partes más completas hasta un bosquejo bien detallado para cuando el material requiere precisión en la presentación de datos.

2. *Memorización del sermón*

Este método tan antiguo requiere de una memoria muy privilegiada. El sermón se escribe completo y, una vez aprendido, se recita completo.

3. *Lectura de un manuscrito*

Este método requiere que la persona esté desarrollada en interpretación oral, declamación y oratoria. El manuscrito ha de ser pulido cuidadosamente y marcado en los puntos donde se ha de hacer énfasis o alterar el ritmo. Hay que leerlo muchas veces en voz alta antes de leerlo en público.

4. *Entrega espontánea*

El método no requiere del uso de manuscrito, de notas, ni siquiera de apuntes mínimos. Este método permite al orador darse de lleno a los oyentes y comunicar la Palabra de Dios con toda efectividad. Los riesgos son grandes. Se puede ceder a la tentación de una preparación mental y espiritual inadecuada. En la expresión verbal se puede caer en los vicios de la repetición, la verborrea, y la sobredependencia en las emociones, lo que puede llevar a la demagogia. Se puede también creer que el tener fluidez de palabra es lo mismo que tener habilidad extemporánea. Una cosa es poder hablar mucho, otra es decir cosas con naturalidad, claridad, orden y efectividad. La capacidad para hablar extemporáneamente requiere de gran esfuerzo mental, práctica y prolongada experiencia, observación, y estudio reflexivo habitual.

Crane[2] defiende este método con argumentos muy convincentes:

a) *Obliga al predicador a prepararse más intensamente.*

b) *Deja lugar a la inspiración del Espíritu Santo.* Esto abre puertas a alguna idea nueva y mantiene la espontaneidad.

c) *Contribuye al desarrollo de las facultades del predicador.* Se tiene que mantener pensando y mientras habla, ejercita la memoria y la capacidad para asociar con ideas afines. Desarrolla la dependencia y la confianza en el Señor.

d) *Mantiene una dinámica comunicativa entre el predicador y su auditorio.*

e) *Éste es el método más aceptado por los auditorios de la América de lengua hispana.*

5. *Sentido de responsabilidad del predicador*

Prepararse siempre a fondo[3] (1ª Tes. 5:16-23).

a) *Espiritualmente.* Por medio de la oración intensa, el ayuno regular, la meditación y la contemplación de Dios.[4] El predicador ha de buscar en Dios lo que ha de entregar a sus oyentes.

b) *Intelectualmente.* Tener bien pensado lo que va a decir; a quién se lo va a decir; y cómo lo va a decir. Tendrá cuidado de investigar bien el pasaje y organizar lo que va a decir para que termine su trabajo con éxito. Debe meditar sobre su auditorio: idiosincrasia, expectativas, cultura, nivel de vida, mundo religioso y tradición denominacional. Esto dictará la manera de decir su mensaje.

c) *Físicamente*. Cuidar su voz; alimentarse, descansar y ejercitarse adecuadamente.

d) *Emocionalmente*. Resolver sus conflictos emocionales y personales. Discusiones, tanto en el hogar como en la iglesia, tienen un alto potencial de perjudicar la predicación. El predicador debe estar en paz mental y emocional (Fil. 4:7) al ir al púlpito.

6. *Algunos detalles adicionales*

a) *Apariencia personal*. Tanto el hombre como la mujer al ir al púlpito deben lucir impecables. Vestir con elegancia y sobriedad.

b) *Los gestos dicen también un mensaje*. Los hispanoparlantes «hablan con el cuerpo», sin palabras, y muy en particular los puertorriqueños. Esto puede operar tanto negativa como positivamente. El quedarse todo el tiempo detrás del púlpito privará al auditorio de parte del mensaje. Por esa razón es conveniente moverse, sin exagerar, por la plataforma. Esto mejorará el contacto visual y por ende, la comunicación. Sin embrago, es importante asegurarse de hacer gestos corporales y faciales apropiados al mensaje y al lugar.

c) *El tono de voz*.[5] Hable alto, pero sin gritar. Module la voz para que evite la monotonía. Hay momentos que se requerirá hablar un poco rápido; esto se puede hacer sin atropellarse; en otros momentos, un poco lento pero más enfáticamente. No baje la voz demasiado, recuerde a los ancianos. Use pausas para producir efectos dramáticos y para dar tiempo al auditorio a pensar en lo que ha dicho.

Cuando use sistema de altavoces dentro del templo, cuide el volumen. El volumen muy alto produce irritación consciente e inconsciente, lo que afecta la percepción. Además, produce sordera a largo plazo. Es por eso que se considera el volumen muy alto como un contaminante ambiental por ruido; en varios lugares, se le sanciona legalmente por medio de multas.

d) *Sea un buen oidor de sermones.* Preste atención cuidadosa a otros predicadores; esto le ayudará en varios sentidos. Usted aprenderá sobre los malos hábitos y no los repetirá. Observará los buenos hábitos para desarrollarlos. Observará el estilo del predicador y aprenderá a desarrollar su estilo propio, sin copiar. Tendrá la oportunidad de observar cómo se expresan los predicadores. Igualmente observará cómo se predican los distintos tipos de sermones. Obtendrá ideas para sermones y por último, pero no menos importante, se edificará espiritualmente.

e) *El lugar debe ser bien ventilado, si es en tiempo de calor, y bien abrigado, si es tiempo de frío.* Evite que el ventilador sople directamente hacia su boca. Esto puede inclusive producir daño permanente a las cuerdas vocales.

El lugar debe estar limpio, bien ordenado e iluminado. El punto desde donde se va a predicar debe tener acceso visual para todos los oyentes. Esto es de especial importancia en los cultos fuera del templo, donde no hay una plataforma para usarse como altar.

7. *Archivo de sermones e ideas*

a) *Sermones.* Después de trabajar intensamente para producir un sermón, es justo el conservarlo adecuadamente. Ello es así, porque nos puede servir para usarlo en otra ocasión; nos puede servir para comparar nuestro desarrollo a través de los años y nos puede servir para publicarlos. El uso de páginas de papel ayuda un poco al momento de predicar, pero es poco práctico para archivar. Las tarjetas de archivo de tamaño regular facilitan ambos objetivos. Son lo suficientemente grandes para escribir en letra legible a distancia, y cómodas para conservar en tarjeteros de los que abundan en todas las papelerías.

b) *Ideas*. Encontrará que, ya sea leyendo su Biblia, orando, meditando u observando a la naturaleza y a las personas, oyendo sermones o leyendo libros, vendrán a su mente ideas buenas para sermones. En algunas oportunidades descubrirá que aunque la idea es apasionante no tiene la ocasión para predicarla o no se ajusta al propósito del sermón que tiene que predicar en su próximo compromiso. Para esos momentos es conveniente tener un «banco de ideas». Un lugar donde archivar ideas, ya sea por orden de temas, o de propósitos generales.

Para ello, anote en una tarjeta la idea y todo lo que ha meditado sobre ésta. Cuando la idea surge asociada con un texto específico que vino a la mente de forma espontánea, o como resultado de una lectura bíblica, anote el texto en la tarjeta.[6]

8. *Lectura conveniente*

El libro «*El Milagro del Diálogo*», de Hove[7] es de importancia capital para entender los procesos comunicativos. Recomendamos su lectura pues ha sido de gran ayuda a todos cuantos hemos tenido el privilegio de leerlo.

PREGUNTAS Y EJERCICIOS

1.– Prepare el bosquejo final del sermón que diseñó en el curso, y entréguelo para calificación.

2.– Predique ese sermón en clase, o su iglesia, y obtenga una evaluación del grupo que le escuchó.

8
Conclusión

Hemos estudiado un método simplificado de preparar sermones. Al terminar este libro, usted tiene nociones generales sobre Homilética y algunos principios básicos para preparar y presentar sermones. Pero aquí no termina todo, sino que ésta es una primera y elemental etapa en su desarrollo como predicador. Debe seguir estudiando Homilética; cada día puede aprender más.

Lea sermones y artículos bíblicos, escriba sus pensamientos para que desarrolle su potencial comunicativo. No se conforme con ser un buen predicador; sea mejor cada vez.

Quiero dejarle como última palabra, las de un autor que ha sido maestro de la predicación por más de un siglo: John A. Broadus:

> Después de toda nuestra preparación general y especial... para la predicación, nuestra dependencia para un triunfo real es el Espíritu de Dios. Y donde uno predica el evangelio, confiando en la bendición de Dios, no se predica en vano. El significado del sermón para el inconverso puede beneficiar

grandemente a los creyentes y viceversa. Sin el más mínimo resultado manifiesto al presente, un sermón puede ser oído mucho después; quizás sólo en la eternidad. Y el más infeliz fracaso, aparentemente inútil, puede beneficiar al predicador mismo y, a través de él, a todos los que le escuchen después. De ese modo vemos parcialmente como es que la palabra de Dios siempre hace bien, siempre prospera en aquello para lo que él la envió.

No debemos jamás olvidar el poder del carácter y la vida para reforzar la palabra. Lo que un predicador es, determinará mucho el efecto de lo que dirá. Hay un dicho de Agustín: «cuyus vita fulgor, ejus verba tonitrua», si la vida de un hombre es un rayo, sus palabras son truenos.[1]

NOTAS

Capítulo 1: Introducción

1. San Agustín, De Doctrina Cristiana, citado por Willard F. Jabusch, *The Person in The Pulpit*, Preaching As Caring, William d. Thompson, editor (Naschville, 1980), págs. 30-31.
2. Willard F. Jabusch, *Ibid.*, págs. 15-28.
3. Reuel L. Howe, *Partners In Preaching: Clergy & Laity In Dialogue* (New York, 1967), págs. 26-33.
4. John A. Broadus, *A Treatise On The Preparation And Delivery of Sermons* (New York), pág. 2.
5. Orlando Costas, op. cit., págs. 22-29.
6. *Ibid.*, pág. 34.
7. *Ibid.*
8. James D. Crane, op. cit., pág. 21.
9. *Ibid.*, pág. 22.
10. *Ibid.*, págs. 22-23.
11. Ibid., pág. 27.
12. William D. Thompson, *A Listener's Guide To Preaching* (Naschville-New York, 1966), págs. 19-25.
13. Gerald R. Cragg, «The Epistle To The Romans». *The Interpreter's Bible*, Nolan B. Harmon, editor (Nashville-New York), IX, 562.

Capítulo 2: El Predicador

1. Orlando Costas, op. cit., pág. 157.
2. James V. Mc Conell, *Psicología* (México, 1978), pág. 502.
3. Costas, op. cit., pág. 158.
4. *Ibid.*

Capítulo 3: La Clasificación de Sermones

1. Costas, op. cit., pág. 125.
2. Crane, op. cit., págs. 62-64.
3. Costas, op. cit., págs. 127-128.
4. *Ibid.*, págs. 129-130.
5. *Ibid.*, pág. 43.
6. Crane, op. cit., pág. 58.
7. *Ibid.*, pág. 78.
8. William D. Thompson, *Preaching Biblically*, William D. Thompson, editor (Nashville, 1981), pág. 10.
9. Davis, Design *For Preaching* (Philadelphia, 1958), págs. 48-49.
10. Costas, op. cit., pág. 47.
11. C. H. Dodd, *The Apostolic Preaching and Its Developments* (New York, 1962), págs. 7-35.
12. Jabusch, op. cit., pág. 88.

Capítulo 4: El Sermón

1. H. Grady Davis, op. cit., pág. 46.
2. Crane, op. cit., pág. 78.
3. H. Grady Davis, op. cit., pág. 47.
4. Thompson, *Preaching Biblically*, págs. 9-13.
5. *Ibid.*
6. Crane, op. cit., pág. 82.
7. Thompson, *Preaching Biblically*, pág. 21.
8. Crane, op. cit., pág. 82.
9. *Ibid.*, págs. 84-89.
10. Costas, op. cit., págs. 47-48.
11. Thompson, *Preaching Biblically*, pág. 18.
12. *Ibid.*, pág. 17.
13. *Ibid.*, pág. 15.
14. H. Grady Davis, op. cit., pág. 52.
15. *Ibid.*
16. Thompson, *Preaching Biblically*, pág. 11.
17. H. Grady Davis, op. cit., pág. 57.

18. Costas, op. cit., págs. 71-72.
19. *Ibid.*, pág. 49.
20. *Ibid.*, pág. 48.
21. *Ibid.*
22. Crane, op. cit.
23. Thompson, *Preaching...*, op. cit.
24. Costas, op. cit., págs. 54-56.
25. *Ibid.*, pág. 42.
26. H. Grady Davis, op. cit., págs. 43-44.
27. Costas, op. cit., págs. 68-69.

Capítulo 6: La Introducción, la Conclusión y las Ilustraciones

1. Broadus, op. cit., págs. 267-268.
2. Costas, op. cit., págs. 85-86.
3. Crane, op. cit., pág. 160.
4. Davis, op. cit., págs. 186-187.
5. *Ibid.*, pág. 187.
6. Davis, op. cit., pág. 188.
7. *Ibid.*
8. *Ibid.*
9. Broadus, op. cit., págs. 273-275.
10. Crane, op. cit., pág. 159.
11. Costas, op. cit., pág. 87.
12. *Ibid.*, págs. 87-89.
13. Davis, op. cit., pág. 192.
17. *Ibid.*
18. Crane, op. cit., pág. 169.
19. *Ibid.*, pág. 195.
20. Costas, op. cit., pág. 90.
21. Justo Anderson, *Manual de Homilética Para Laicos* (Argentina, 1973), pág. 70.
22. Crane, op. cit., pág. 202.
23. *Ibid.*

Capítulo 7: El Bosquejo y la Presentación

1. Todos los ejemplos usados son del autor, excepto los que expresamente se adjudican a otros autores.
2. Crane, op. cit., págs. 221-223. Ver también: Costas, op. cit., págs. 168-169 y 172-174.
3. Costas, op. cit., págs. 169-170.
4. Jabush, op. cit., págs. 94-98. Este libro enfatiza la necesidad de una vida devocional intensa. Todo el libro es una joya de gran valor para los predicadores.
5. Crane, op. cit., págs. 209-214.
6. *Ibid.*, págs. 206-214.
7. Reuel L. Howe, José Luis Lana, traductor, *El Milagro del Diálogo* (San José, Costa Rica: n.d.).

Capítulo 8: Conclusión

1. Broadus, op. cit., págs. 540-541.

BIBLIOGRAFÍA DE OBRAS CITADAS

Anderson, Justo. *Manual de Homilética para Laicos*. Buenos Aires, Argentina: Junta Bautista de Publicaciones, 1973. 107 páginas.

Broadus, John A. *A Treatise on the Preparation and Delivery of Sermons*. 26ª ed.; Nueva York: A. C. Armstrong and Son, 1908. 562 páginas.

Costas, Orlando E. *Comunicación por medio de la Predicación*. San José, Costa Rica: Editorial Caribe, 1973. 255 páginas.

Gragg, Gerald R. «The Epistle to the Romans». *The Interpreter's Bible*. 12 vols. Vol. IX, Nashville-Nueva York, Tenn.: Abigdon-Cokebury Press, 1954. Págs. 353-668.

Crane, James D. *El Sermón Eficaz*. 4ª ed.; El Paso: Casa Bautista de Publicaciones, 1971. 306 páginas.

Davis, H. Grady. *Design for Preaching*. Philadelphia: Fortress Press, 1958. 307 páginas.

Dodd, C. H. *The Apostolic Preaching and its Developments*. Nueva York; Harper and Brothers Publishers, 1962. 96 páginas.

Hove, Reuel L. *El Milagro del Diálogo*, traducido al español por José Luis Lanas, San José, Costa Rica: Centro de Publicaciones Cristianas, (s. f.). 150 páginas.

——— *Partners in Preaching*, Clergy and Laity in Dialogue. Nueva York; The Seabury Press, 1967. 127 páginas.

Jabush, Williard F. *The Person in the Pulpit*, Preaching as Caring, editado por William D. Thompson. Nashville, Tenn: Abingdon, 1980. 127 páginas.

Mc Connell, James V. *Psicología*, traducido al español por Ing. Cobian e Ing. Agustín Contin, 2ª ed.; México: Nueva Editorial Interamericana S.A. de C.V., 1978. 740 páginas.

Thompson, William D. *A Listener's Guide to Preaching*. Nashville, Tenn. Nueva York: Abingdon Press, 1966. 110 páginas.

—— *Preaching Biblically*, Exegesis and Interpretation, editado por William D. Thompson. Nashville, Tenn. Abingdon, 1981. 128 páginas.

OBSERVACIONES:

Made in the USA
Las Vegas, NV
27 September 2024

95884793R00075